Simon Pierre THIOR

"SI TU SAVAIS LE DON DE DIEU" (cf. Jn 4,10).

Simon Pierre THIOR

"SI TU SAVAIS LE DON DE DIEU" (cf. Jn 4,10).

Étude narrative de Jn 4,1-42.

Éditions Croix du Salut

Imprint

Cover image: www.ingimage.com

Publisher:
Éditions Croix du Salut
is a trademark of
International Book Market Service Ltd., member of OmniScriptum Publishing Group
17 Meldrum Street, Beau Bassin 71504, Mauritius
Printed at: see last page
ISBN: 978-613-7-37293-7

« COMMENT ? TOI, UN JUIF, TU DEMANDES À BOIRE A MOI, UNE FEMME SAMARITAINE ! » (Jn 4,9b).
ETUDE NARRATIVE DE LA PERICOPE DE Jn 4, 1-42.

SIGLES ET ABREVIATIONS

- A.C..ante Cristo
- AncBib...Anacleta Biblica
- A.T..Ancien Testament
- av.J.-.C..avant Jésus Christ
- capp..capitoli
- cf...confère
- dir..direction
- dir. di..direzione di
- ETR..Etudes Théologiques et Religieuses
- et alii...et les autres
- éd...éditeurs(s)/édition (s)
- Ibidem/Ibid...Dans la référence précédente
- NRT..Nouvelle Revue Théologique
- N.T...Nouveau Testament
- NTS..New Testament Studies
- RB...Revue Biblique
- RTL...Revue Théologique de Louvain
- TOB...Traduction Œcuménique de la Bible
- v...verset
- vv..versets
- vol...volume

INTRODUCTION GENERALE

«''Comment? Toi, un Juif, tu demandes à boire à moi, une femme samaritaine!'' (Jn 4,9b)[1]. *Étude narrative de la péricope de Jn 4, 1-42»*. Tel est l'intitulé de cette présente étude sur la péricope de Jn 4,1-42, qui décrit le séjour de Jésus en Samarie. Après le premier ministère en Judée, à l'occasion de la Pâques (Jn 2,13s.), Jésus décide de retourner en Galilée.

Dans le quatrième évangile, l'on trouve décrits d'autres voyages similaires de Jésus, de la Galilée en Judée ou vice-versa (cf. 2, 12s; 5, 1s; 7, 9s). Soit dit en passant, l'évangéliste Jean est le seul à rapporter la rencontre de Jésus avec la femme Samaritaine (Jn 4, 1-42), comme du reste d'autres épisodes tels: les noces de Cana (Jn 2, 1-12), la rencontre de Jésus avec Nicodème (Jn 3, 1-21), la rencontre de Jésus avec le paralysé de Bethesda (Jn 5, 1-18), la rencontre de Jésus avec l'aveugle-né(Jn 9 , 1-42).

Dans l'épisode de Jn 4, 1-42, l'auteur décrit la foi authentique en Jésus d'une nation que les Juifs prenaient pour des hérétiques, des schismatiques. Contrairement aux Juifs qui, pour avoir été témoins de signes opérés par Jésus, n'acceptent pas sa révélation, les Samaritains, méprisés qu'ils soient et n'ayant jamais été témoins des faits et gestes de Jésus, ont paradoxalement reconnu en lui le *Messie et* le *Sauveur du monde.*

1. MOTIVATIONS

Nos motivations sont multiples et variées, mais l'on pourrait les synthétiser par les deux considérations ci-après:

- ✓ La portée spécifique du quatrième évangile;
- ✓ La symbolique du réel.

1.1. La portée spécifique du 4ème évangile

[1] Pour toutes les citations bibliques de cette présente étude, nous utilisons la version de la *Traduction Œcuménique de la Bible* (TOB), Les Editions du Cerf, Paris 2004.

En comparaison avec les évangiles synoptiques, le quatrième évangile retient assez peu d'évènements de la vie terrestre de Jésus. En revanche, il leur accorde une grande importance, la plupart d'entre eux étant l'occasion d'un enseignement approfondi donné par Jésus ; enseignement dans lequel Jésus se révèle être un très bon pédagogue. Nous pouvons en indiquer à titre d'illustration: l'entretien avec Nicodème (Jn 3, 1-21) et le dialogue avec la Samaritaine (Jn 4, 1-42).

La péricope de Jn 4, 1-42 fait partie des grandes pages de l'évangile johannique. On peut la lire à de multiples niveaux qui ne s'opposent pas. Elle renferme un sens inné de la progression dramatique des scènes, ainsi qu'une mise en valeur de la fine psychologie de Jésus. De surcroît, cette page contient une richesse de souvenirs bibliques ainsi qu'une utilisation prodigieuse des symbolismes profonds de l'humanité; et, à l'intérieur de tout cela, une théologie concrète. Il s'agit du tête à tête de Jésus et de cette femme de Samarie (v.7). L'Evangile de Jean est spécialiste de ces rencontres et du dialogue qui suit, entre personne seule et Jésus (Nicodème, l'aveugle-né...).

1.2. La symbolique du réel

Dans la péricope de Jn 4, 1-42, les indications sont concrètes et mises au service d'un message théologique important. Ce qui nous intéresse ici, c'est de voir comment des faits précis donnent naissance à un langage symbolique. Il va sans dire que cette péricope est parfaitement unifiée, dans la perspective missionnaire de Jésus: « Ma nourriture, c'est de faire la volonté de celui qui m'a envoyé et d'accomplir son œuvre » (v.34). Jésus donne *l'eau vive*: il établit un lien profond avec le Dieu qui l'a envoyé et dont il fait la volonté en accomplissant justement son œuvre missionnaire en Samarie.

2. STATUS QUAESTIONIS

D'une manière succincte, l'on peut dire que le XXème siècle a consacré une immense littérature au quatrième évangile[2]. Dès lors, il convient de noter cette période de scepticisme à propos de l'évangile johannique. En effet, du fait qu'il a été produit en milieu grec, on le pensait totalement privé de valeur historique, ayant peu de rapport avec la Palestine de Jésus. Par voie de

[2] Cf. R. E. BROWN, *Giovanni. Commento al vangelo,* Cittadella Editrice, Assisi 2010, XXVII.

conséquence, l'identité de son auteur ainsi que les sources de sa composition continuent d'être objet de débat[3]. Toutefois, les études sur le « Jésus de l'Histoire »[4] ont permis de corriger certaines de ces conceptions. L'application des méthodes de recherches historiques (l'archéologie en particulier) aux données des évangiles, ainsi que les découvertes documentaires et textuelles, ont permis de découvrir l'existence réelle de seize (16) des lieux dont parle l'évangile de Jean[5].

En définitive, on en est arrivé à *un nouveau mode de voir.* De ce fait, les questions de l'unité, de la composition du IVème Evangile ainsi que celles de son auteur et de sa datation demeurent.

3. METHODE DE TRAVAIL

Comme méthode de travail, nous avons opté pour l'analyse narrative. Celle-ci est fondée sur une idée simple : tout récit cherche à produire des effets de sens en direction d'un lecteur. Ce type d'analyse est justifié par ces questions : comment le texte communique-t-il avec le lecteur ? Comment le texte fait-il sens auprès de la personne qui le lit? Selon la définition de la *Commission Biblique Pontificale:* « L'exégèse narrative propose une méthode de compréhension et de communication du message biblique forme de récit et de témoignages, modalité fondamentale de la communication entre personnes humaines, caractéristique aussi de l'Écriture Sainte »[6]. Il faut, dès lors, distinguer les *méthodes d'analyses* de la *réflexion théologique*[7].

- ***Les méthodes d'analyse*** mettent en exergue la distinction entre:
  - ✓ *Auteur réel*: est la personne qui a composé le récit.
  - ✓ *Auteur implicite*: désigne l'image d'auteur que le texte engendre progressivement au cours de la lecture (avec sa culture, son tempérament, ses tendances, sa foi, etc.).

[3] *Ibidem,* XXVII-XXVIII.
[4] G. THEISSEN.- A. MERZ, *Il Gesù storico. Un manuale,* Editrice Queriniana, Brescia 2011[5].
[5] Cf. J.H. C. WOTH, *Jesus and the Archeology,* Eerdmans, Grand Rapids 2006, 523-586.
[6] Commission Biblique Pontificale, *L'interprétation de la Bible dans l'Eglise*, Libreria Editrice Vaticana, Città del Vaticano 1993.
[7] *Ibidem.*

✓ *Lecteur réel*: toute personne qui a accès au texte, depuis les premiers destinataires qui l'ont lu ou entendu lire jusqu'aux lecteurs ou auditeurs d'aujourd'hui.

✓ *Lecteur implicite*: celui que le texte présuppose et produit, celui qui est capable d'effectuer les opérations mentales et affectives requises pour entrer dans le monde du récit et y répondre de la façon visée par l'auteur réel à travers l'auteur implicite.

- ***La réflexion théologique*** prend en considération les conséquences que comporte la nature du récit «pour l'adhésion de foi et de témoignage», avec la nécessité de:

  ✓ «raconter le salut» (aspect *informatif* du récit);

  ✓ «raconter en vue du salut (aspect *performatif* du récit).

Cette méthode d'analyse facilite le passage entre le sens du texte dans son contexte historique et la portée du texte pour le lecteur d'aujourd'hui.

a) Situation initiale: situation de vide et de carence

Nous avons au départ du passage une sorte de « chaos », de vide et de carence. C'est dire qu'au départ, la femme Samaritaine se caractérise par ce que l'on peut appeler à juste titre le « non-savoir » et le « non-pouvoir »: de prime abord, la femme est Samaritaine, c'est-à-dire sujette de dissidence, d'une renommée douteuse et objet de suspect.

Elle se caractérise également par le « non-avoir »: elle n'a pas de mari et celui qu'elle a n'est pas son mari (cf.vv.17-18); elle a l'impérieux devoir d'aller chaque jour au puits pour chercher de l'eau (cf. v.15); elle est prisonnière de considérations ethniques et religieuses, et elle n'a pas hésité à l'exprimer ouvertement devant Jésus (cf.vv.9-20).

Jésus lui aussi se trouve dans une situation de carence: il a soif (cf.v.7) et n'a rien pour puiser de l'eau du puits. Son itinéraire de voyage - à savoir traverser l'hostile Samarie-, se trouve être insolite et périlleux. Le fait de demander de l'eau à une femme remet en cause les barrières ethniques entre Juifs et Samaritains, entre les hommes et les femmes et promeut un nouveau *modus vivendi* qui va au-delà des considérations coutumières de son époque. Devant la femme Samaritaine, l'attitude de Jésus se caractérise par un « non-avoir ». D'ailleurs dans le quatrième évangile, une telle situation dénote toujours le risque:

- *Le premier signe*: « Comme le vin manquait, la mère de Jésus lui dit: ''Ils n'ont plus de vin'' » (2,3);
- *La guérison d'un paralytique à Jérusalem*: « L'infirme lui répondit: ''Seigneur, je n'ai personne pour me plonger dans la piscine au moment où l'eau commence à s'agiter; et, le temps d'y aller, un autre descend avant moi. » (5,7);
- *L'apparition au bord du lac*: «.Il leur dit: ''Eh, les enfants, n'avez-vous pas un peu de poisson?'' - ''Non'', lui répondirent-ils.» (21,5).

b) Action créative: différences ethnico-religieuses

Les différences ethnico- religieuses de la femme ne seront pas un obstacle ou une sorte de barrières raciales dans sa rencontre avec Jésus. Contrairement à l'hétérodoxie du peuple Samaritain et des préjugés ethnico-religieux de ses disciples: les premiers mentionnés croiront en Jésus grâce au témoignage de la femme Samaritaine; quant aux disciples, Jésus leur révélera que sa nourriture c'est de faire la volonté de son Père, et que sa rencontre avec la femme Samaritaine et les Samaritains sont déjà des signes visibles de l'avènement du καιρός.

c) Situation finale: effet de surprise

Avec tous ces éléments de transgression traduisant la rupture d'avec la logique humaine et altérant les schèmes conventionnels, l'auteur semble vouloir « de-stabiliser » ou « des-orienter » le lecteur, dans le sens de le faire sortir des schèmes habituels: l'imprévisible cède la place à ce qui est typique et la surprise à la normalité. Ce qui est habituel disparaît au profit de la nouveauté. En somme le lecteur qui, de prime abord, partageait le même point de vue que la femme Samaritaine, se trouve par la suite confronté à quelques réactions de Jésus auxquelles il ne s'attendait pas. Il s'agit sans aucun doute d'un « effet de surprise » qui remet en cause les valeurs et coutumes préétablies. Toujours est-il que de telles équivoques et fausses apparences révéleront à la fin leur vérité: l'espace profane où se déroule la scène (le puits se situe en pleine campagne, donc loin de la ville et du Temple) se présente dès lors comme lieu propice de la rencontre avec Dieu.

4. La Question de recherche

Quelle est la véritable identité de Jésus de Nazareth? Telle est la question de recherche autour de laquelle gravite cette présente étude de la péricope de Jn 4, 1-42. Concrètement, notre *analyse narrative* partira de la dynamique interne du récit. Une telle analyse aura pour objet le thème ci-après: *le symbolisme du texte*. Pour ce faire, nous partirons des deux voies qui nous sont offertes pour l'analyse narrative de l'identité de Jésus de Nazareth dans le quatrième évangile:

- ✓ La première consiste à fixer un regard exclusif sur l'homme Jésus qui se révèle et chercher ainsi le sens des titres qui lui sont attribués tout au long de l'évangile;
- ✓ Quant à la deuxième, elle consiste à découvrir - comme dans un miroir - l'effet de la révélation de Jésus sur les différents personnages qui ont fait l'expérience de sa rencontre (les disciples, la femme Samaritaine, les Samaritains).

Un tel itinéraire partira d'une *adhésion progressive* (la femme Samaritaine) pour ainsi aboutir à une *adhésion personnelle* (les Samaritains) à la véritable identité de Jésus de Nazareth. En effet, d'incompréhension en incompréhension, la femme Samaritaine découvre la véritable identité de Jésus. Au départ, l'on se demande déjà si cette femme « étrangère » sera en mesure d'accueillir la révélation de Jésus. Voilà qui nous portera à emprunter un itinéraire de découverte qui ira crescendo: du «Jésus Juif», en passant par le «Jésus prophète», le «Jésus Messie», nous parviendrons à la révélation christologique de Jésus de Nazareth. *Comment Jésus révèle-t-il sa véritable identité en Jn 4, 1-42?* Telle est l'objet de cette présente étude et qui, du reste, est en étroite adéquation avec la question de recherche mentionnée ci-dessus. Notre travail de recherche partira des considérations ci-après:

- ✓ Syntaxe grammaticale;
- ✓ Aspect symbolique;

- ✓ Portée historique;
- ✓ Portée théologique.

Nous avons subdivisé notre étude en trois chapitres:

- ✓ Chapitre I : Exégèse de Jn 4, 1-42;
- ✓ Chapitre II : Etude historique: données ethnico-religieuses et sociopolitiques;
- ✓ Chapitre III : De la notion de l'eau et du l'heure dans le quatrième évangile.

CHAPITRE I

EXEGESE DE Jn 4, 1-42

INTRODUCTION

Ce présent chapitre porte essentiellement sur l'étude exégétique de la péricope de Jn 4, 1-42. Mais, au préalable, nous allons d'abord nous pencher sur certains aspects incontournables :

- ✓ La structure;
- ✓ Le contexte et la délimitation;
- ✓ Les préliminaires de l'analyse du texte: syntaxe grammaticale, structure littéraire (le malentendu ou quiproquo johannique; la métaphore ou langage symbolique; l'ironie).

1.1.LA STRUCTURATION DE JN 4, 1-42

De prime abord, Jn 4 présente une suite de genre biographique, narrant des épisodes variés au cours d'un déplacement. Jésus doit quitter la Judée. Il traverse la Samarie où il accueille la foi des samaritains; puis après deux jours, il se rend à Cana où il guérit le fils d'un fonctionnaire royal.

Le long récit de 4,1-42 est très bien construit. On y trouve des éléments purement narratifs (vv. 1-6; 27-30 ; 39-42) qui encadrent deux importants dialogues où Jésus s'entretient d'abord avec une femme Samaritaine, en l'absence des disciples (vv. 7-26), puis avec ses disciples, en l'absence de la femme (vv. 31-38). La séquence comprend cinq (05) grandes parties[8]:

- ✓ Post-scriptum sur le Baptême de Jésus et celui de Jean (4,1-3) ;
- ✓ L'introduction qui met en place le cadre du récit (4, 4-6);

[8] Cf. J. ZUMSTEIN, *L'évangile selon Saint Jean (1-12)*, Labor et Fides, Genève 2014, 142.

- ✓ La rencontre entre Jésus et la Samaritaine qui donne lieu à un dialogue scindé en trois moments: l'échange sur l'eau vive (4, 7-15), l'échange sur les maris (4, 16-19), l'échange sur la véritable adoration (4, 20-26);
- ✓ Une transition qui fait état de l'arrivée des disciples et du départ de la femme (4, 27-30);
- ✓ Un dialogue près du puits entre Jésus et ses disciples, pendant que la femme atteint la ville et rend témoignage (4, 31-38);
- ✓ Un entretien entre Jésus et les gens de la ville (4, 39-42).

L'analyse détaillée montrera comment l'habileté technique du narrateur est au service d'une proclamation thématique, qui culmine dans la confession de foi universaliste des Samaritains (vv. 39-42).

1.1.1. Délimitation et contexte

Le récit de la rencontre de Jésus avec la femme Samaritaine se situe dans la section de Jn 2-4 (*Livre des signes*) qui s'ouvre avec: le *premier signe* accompli à Cana de Galilée (Jn 2, 1-12), suivi du *signe du Temple de Jérusalem* comme révélation messianique de Jésus (Jn 2, 13-22), *l'entretien avec Nicodème* (3, 1-21), *la guérison du fils du fonctionnaire royal* (4, 43-54).

Dans cette section de Jn 2-4, nous retrouvons trois personnages: *Nicodème* (Jn 3, 1-21), *la femme Samaritaine* (Jn 4, 1-42), *le fonctionnaire royal* (Jn 4, 43-54). En effet, ces trois personnages, de par leur attitude vis-à-vis de Jésus, nous disent quelque chose de leurs groupes d'appartenance respectifs:

- ***Nicodème, notable juif*** (3, 1) et *maître en Israël* (3, 10) représente les Juifs membres de l'aristocratie / élite qui approuvent l'enseignement de Jésus et dont leur foi se fonde uniquement sur les *signes* (2, 23-3,2). Ceux-ci s'opposent aux Juifs qui refusent d'admettre l'autorité de Jésus manifestée dans le *signe* du Temple (2, 13-22);
- ***La femme de Sychar*** (4, 5): par son témoignage, le *judaïsme schismatique* vient à la foi (4, 41-42);

- ***Le fonctionnaire royal*** - probablement un païen - qui s'est qui a cru à Jésus, *lui et toute sa maisonnée* (4, 53), représente le monde non juif.

Il est à noter qu'il existe un contraste notoire entre les deux épisodes des rencontres successives de Jésus avec Nicodème (3, 1-21) et la femme Samaritaine (4, 1-42)[9]:

Nicodème (3, 1-21)	**La femme Samaritaine** (4, 1-42)
✓ Se déroule à Jérusalem.	✓ Se déroule en Samarie.
✓ Contexte social : la ville.	✓ Contexte social : la campagne.
✓ Se passe la nuit.	✓ Se passe à midi.
✓ Un homme occupe le devant de la scène.	✓ Une femme occupe le devant de la scène.
✓ Cet homme est pharisien, c'est-à-dire un « juif de L'orthodoxie ».	✓ Cette femme est Samaritaine : elle appartient à un groupe hétérodoxe.
✓ Nicodème a une haute position sociale (membre du sanhédrin).	✓ Cette femme est une marginale.
✓ Nicodème ouvre le dialogue.	✓ Jésus ouvre le dialogue.
✓ Nicodème succombe au malentendu.	✓ La femme s'approche de la foi.

L'épisode de Jn 4, 1-42 se situe dans un *contexte d'échec* qui n'est rien d'autre que la suite logique de *l'attitude pessimiste* des auditeurs de Jésus: judaïsme épuisé (2, 1-12); Temple vidé (2, 13-22); incrédulité des foules (2, 23-25); rencontre infructueuse avec Nicodème (3, 1-21); réticence des pharisiens (4, 1). Tel est le contexte dans lequel se situe l'épisode de la rencontre de Jésus avec la femme Samaritaine (4, 1-42), comme du reste celle avec le fonctionnaire royal (4, 46-63). Ayant pris considération de l'échec déjà patent de la prédication de Jésus auprès des Juifs, l'auteur insiste

[9] *Ibidem*, 142.

à dessein sur ce premier succès lors de la rencontre avec la femme Samaritaine[10].

Les changements concernant les données géographiques et les personnages donnent des critères permettant d'opérer la délimitation de la séquence. En effet, les indications topologiques des vv.1-3 situent Jésus d'abord en Judée, puis en route pour la Galilée. Quant au v.4, il indique la fin de son séjour dans cette contrée et son départ pour la Galilée. L'on peut en déduire que l'unité littéraire des vv.4-42 marque une nouvelle unité de lieu: la Samarie, avec deux endroits bien précieux, la ville de Sychar et le puits de Jacob[11].

La succession des diverses rencontres à proximité du puits confère à cette séquence son unité et son autonomie par rapport au contexte. En revanche, dès le v.43, aussi bien la Samaritaine que les habitants de la ville disparaissent définitivement du récit.

1.1.2. Préliminaires de l'analyse du texte

1.1.2.1. Syntaxe grammaticale

Divers manuscrits lisent ὁ Κύριος (**P[66] P[75] A B**) à la place de ὁ Ἰησοῦς (**ℵ D Θ f^1**). Il est cependant peu probable qu'un scribe ait remplacé Κύριος par Ἰησοῦς. A supposer que ce fût pourtant le cas, certains exégètes dont Rinaldo FABRIS, soutiennent qu'il s'agirait dès lors d'une amélioration stylistique pour éviter la répétition de Ἰησοῦς qui apparaît aux vv. 2 et 5[12]. Le sujet explicite ὁ Ἰησοῦς est attesté par divers codes, certaines versions anciennes (latines, syriaques, coptes). Les papyrus Boder II.XV, avec d'autres codes anciens, rapportent un texte avec la mention exprès du sujet Κύριος. Si cette dernière édition fut celle originale, il est difficile d'expliquer son remplacement par la première. Probablement le texte original était sans mention explicite du sujet. L'ajout de Ἰησοῦς a été modifié en Κύριος pour éviter la triple répétition du même nom dans les

---

[10] A. MARCHADOUR, *Les personnages dans l'évangile de Jean. Miroir pour une christologie narrative*, Les Editions du Cerf, Paris 2011, 77.
[11] J. ZUMSTEIN, *L'évangile selon Saint Jean (1-12)*, 141.
[12] Cf. B. M. METZGER, *A Textual Commentary on the Greek New Testament*, German Bible Society, Freiburg 1994, 176.

deux lignes suivantes[13].

Si l'on considère que 4,1 appartient sûrement au récit évangélique, forcément ὁ Ἰησοῦς était la lecture originaire ou l'expression utilisée par l'évangéliste. Jn 4, 1-42 est l'une des rares péricopes où Jésus est désigné comme ὁ Κύριος (v.1). Pour les autres passages, nous avons ὁ Κύριος seulement en: 6,23; 11,2; 20,20. En 6,23 et 11,2 on soupçonne un rajout rédactionnel. En 20,20 ὁ Κύριος est le mode de la reconnaissance du ressuscité (cf. 20,25; 21,7.12).

La glose du v.6 manque dans certains manuscrits, plus précisément א* et D. Néanmoins, elle se trouve être attestée par P63 P66 P75 P76. En effet, l'auteur du 4ème évangile est coutumier de tels commentaires. L'omission serait donc accidentelle ou bien résulterait de la réflexion d'un copiste jugeant la remarque inexacte[14].

Le commentaire du v.9c a été considéré comme glose secondaire du fait qu'il explique au lecteur non juif une situation propre au judaïsme palestinien du premier siècle. C'est la raison pour laquelle il est omis par certains manuscrits (א*D). Toujours est-il que ce jugement paraît hâtif, car l'évangéliste a tendance à insérer des parenthèses explicatives dans sa narration (cf. 4,2.8 ; 7,22 ; 10,35).

Au v.12, des manuscrits importants (P66 P75 C) ont utilisé non pas l'aoriste ἔδωκεν qui insiste sur l'acte historique du don, mais en lieu et place le parfait δέδωκεν qui souligne la valeur présente du don intervenu naguère. Au v.24, le pronom αὐτὸν est incertain : il est attesté par B P66 P75.

Plusieurs manuscrits (P66c א2 L N, etc.) ont corrigé la première personne du singulier οἶδα en mettant la première personne du pluriel οἴδαμεν. De cette façon, ils voulaient harmoniser le sujet du v.25a αὐτῷ avec ὑμῖν de la fin du même verset.

La ponctuation de la fin du v.35 est controversée : ἤδη fait-il encore partie de la proposition en ὅτι comme il est indiqué dans le manuscrit P75 ou bien introduit-il la proposition principale qui suit comme le soulignent certains manuscrits (א D 33 b e) ? Partant de l'usage johannique (4,51;

---

13 R. FABRIS, *Giovanni. Traduzione e commento,* Borla, Roma 1992, 282-283.

14 Cf. B.M. METZGER, *A textual Commentary on the Greek New Testament,* United Bible Societies, London 1994.

7,14; 11,39; 15,3), les attestations manuscrites plaident pour le rattachement au v.36[15].

1.1.2.2. Traduction du texte

A la suite de ces considérations d'ordre grammatical et textuel, voici la traduction du texte grec[16] de Jn 4, 1-42 que nous proposons:

1 Ὡς οὖν ἔγνω ὁ Ἰησοῦς ὅτι ἤκουσαν οἱ Φαρισαῖοι ὅτι Ἰησοῦς πλείονας μαθητὰς ποιεῖ καὶ βαπτίζει ἢ Ἰωάννης	1 Quand donc Jésus apprit que les Pharisiens avaient entendu dire qu'il (Jésus) faisait plus de disciples et baptisait plus que Jean
2 – καίτοιγε Ἰησοῦς αὐτὸς οὐκ ἐβάπτιζεν ἀλλ' οἱ μαθηταὶ αὐτοῦ–	2 – et pourtant ce n'est pas Jésus lui-même qui baptisait mais plutôt ses disciples –
3 ἀφῆκεν τὴν Ἰουδαίαν καὶ ἀπῆλθεν πάλιν εἰς τὴν Γαλιλαίαν.	3 il quitta la Judée et partit de nouveau vers la Galilée.
4 Ἔδει δὲ αὐτὸν διέρχεσθαι διὰ τῆς Σαμαρείας.	4 Il lui fallait alors traverser la Samarie.
5 Ἔρχεται οὖν εἰς πόλιν τῆς Σαμαρείας λεγομένην Συχὰρ πλησίον τοῦ χωρίου ὃ ἔδωκεν Ἰακὼβ [τῷ] Ἰωσὴφ τῷ υἱῷ αὐτοῦ·	5 Il arrive donc dans une ville de Samarie appelée Sychar, près du champs que Jacob avait donné à son fils Joseph;
6 ἦν δὲ ἐκεῖ πηγὴ τοῦ Ἰακώβ. ὁ οὖν Ἰησοῦς κεκοπιακὼς ἐκ τῆς ὁδοιπορίας ἐκαθέζετο οὕτως ἐπὶ τῇ πηγῇ· ὥρα ἦν ὡς ἕκτη.	6 là se trouvait le puits de Jacob. Jésus, fatigué du voyage, s'était assis tout simplement au bord du puits; c'était environ la sixième heure.
7 Ἔρχεται γυνὴ ἐκ τῆς Σαμαρείας ἀντλῆσαι ὕδωρ. λέγει αὐτῇ ὁ Ἰησοῦς· δός μοι πεῖν·	7 Arrive une femme de Samarie pour puiser de l'eau. Jésus lui dit: «Donne-moi à boire!».
8 οἱ γὰρ μαθηταὶ αὐτοῦ ἀπεληλύθεισαν εἰς τὴν πόλιν ἵνα τροφὰς ἀγοράσωσιν.	8 En effet, ses disciples étaient allés à la ville pour acheter des vivres.
9 λέγει οὖν αὐτῷ ἡ γυνὴ ἡ Σαμαρῖτις· πῶς σὺ Ἰουδαῖος ὢν παρ' ἐμοῦ πεῖν αἰτεῖς γυναικὸς Σαμαρίτιδος οὔσης; οὐ γὰρ συγχρῶνται Ἰουδαῖοι Σαμαρίταις.	9 Alors la femme Samaritaine lui dit: «Comment? Toi qui es Juif, tu demandes à boire à moi qui suis femme Samaritaine?»; les Juifs, en effet, n'avaient pas de rapports avec les Samaritains.
10 ἀπεκρίθη Ἰησοῦς καὶ εἶπεν αὐτῇ· εἰ ᾔδεις τὴν δωρεὰν τοῦ θεοῦ καὶ τίς ἐστιν ὁ λέγων σοι· δός μοι πεῖν, σὺ ἂν ᾔτησας αὐτὸν καὶ ἔδωκεν ἄν σοι ὕδωρ ζῶν.	10 Jésus répondit et lui dit: «Si tu connaissais le don de Dieu et qui est celui qui te dit ''Donne-moi à boire'', c'est toi qui aurais demandé et il t'aurait donné de l'eau vive».
11 Λέγει αὐτῷ [ἡ γυνή]· κύριε, οὔτε ἄντλημα ἔχεις καὶ τὸ φρέαρ ἐστὶν βαθύ· πόθεν οὖν ἔχεις τὸ ὕδωρ τὸ ζῶν;	11 La femme lui dit: «Seigneur, tu n'as pas de seau et le puits est profond. Donc d'où as-tu l'eau vive?

[15] Cf. C.K. BARRETT, *The Gospel according to St. John. An introduction with Commentary and notes on the Greek Text,* London 1978², 241.
[16] Cf. *Novum Testamentum Graece et Latino,* Nestle-Aland, Deutsche Bibelgesellschacft, Struttgart 1993²⁷.

12 μὴ σὺ μείζων εἶ τοῦ πατρὸς ἡμῶν Ἰακώβ, ὃς ἔδωκεν ἡμῖν τὸ φρέαρ καὶ αὐτὸς ἐξ αὐτοῦ ἔπιεν καὶ οἱ υἱοὶ αὐτοῦ καὶ τὰ θρέμματα αὐτοῦ;	12 Serais-tu plus grand que notre père Jacob, lui qui nous a donné le puits et qui y a bu, et lui et ses fils et ses bêtes?».
13 ἀπεκρίθη Ἰησοῦς καὶ εἶπεν αὐτῇ· πᾶς ὁ πίνων ἐκ τοῦ ὕδατος τούτου διψήσει πάλιν·	13 Jésus répondit et lui dit: «Quiconque boit de cette eau aura encore soif;
14 ὃς δ' ἂν πίῃ ἐκ τοῦ ὕδατος οὗ ἐγὼ δώσω αὐτῷ, οὐ μὴ διψήσει εἰς τὸν αἰῶνα, ἀλλὰ τὸ ὕδωρ ὃ δώσω αὐτῷ γενήσεται ἐν αὐτῷ πηγὴ ὕδατος ἀλλομένου εἰς ζωὴν αἰώνιον.	14 mais celui qui boira de l'eau que moi je lui donnerai n'aura plus jamais soif; au contraire, l'eau que je lui donnerai deviendra en lui source jaillissante pour la vie éternelle».
15 Λέγει πρὸς αὐτὸν ἡ γυνή· κύριε, δός μοι τοῦτο τὸ ὕδωρ, ἵνα μὴ διψῶ μηδὲ διέρχωμαι ἐνθάδε ἀντλεῖν.	15 La femme lui dit: «Seigneur, donne-moi de cette eau, afin que je n'aie plus soif et que je n'aie plus à venir ici pour puiser [de l'eau]».
16 λέγει αὐτῇ· ὕπαγε φώνησον τὸν ἄνδρα σου καὶ ἐλθὲ ἐνθάδε.	16 Il lui dit: «Va appeler ton mari et puis reviens ici!».
17 ἀπεκρίθη ἡ γυνὴ καὶ εἶπεν αὐτῷ· οὐκ ἔχω ἄνδρα. λέγει αὐτῇ ὁ Ἰησοῦς· καλῶς εἶπας ὅτι ἄνδρα οὐκ ἔχω·	17 La femme répondit et lui dit: «Je n'ai pas de mari». Jésus lui dit: «Tu dis bien que tu n'as pas de mari;
18 πέντε γὰρ ἄνδρας ἔσχες καὶ νῦν ὃν ἔχεις οὐκ ἔστιν σου ἀνήρ· τοῦτο ἀληθὲς εἴρηκας.	18 en effet, tu as eu cinq maris et celui que tu as maintenant n'est pas ton mari; pour cela, tu dis vrai».
19 Λέγει αὐτῷ ἡ γυνή· κύριε, θεωρῶ ὅτι προφήτης εἶ σύ.	19 La femme lui dit: «Seigneur, je vois que tu es un prophète.
20 οἱ πατέρες ἡμῶν ἐν τῷ ὄρει τούτῳ προσεκύνησαν· καὶ ὑμεῖς λέγετε ὅτι ἐν Ἱεροσολύμοις ἐστὶν ὁ τόπος ὅπου προσκυνεῖν δεῖ.	20 Nos pères ont adoré sur cette montagne, et vous, vous dites que c'est à Jérusalem que se trouve le lieu où il faut adorer».
21 λέγει αὐτῇ ὁ Ἰησοῦς· πίστευέ μοι, γύναι, ὅτι ἔρχεται ὥρα ὅτε οὔτε ἐν τῷ ὄρει τούτῳ οὔτε ἐν Ἱεροσολύμοις προσκυνήσετε τῷ πατρί.	21 Jésus lui dit: «Crois-moi, femme: l'heure vient où ce n'est ni sur cette montagne ni à Jérusalem que vous adorerez le Père.
22 ὑμεῖς προσκυνεῖτε ὃ οὐκ οἴδατε· ἡμεῖς προσκυνοῦμεν ὃ οἴδαμεν, ὅτι ἡ σωτηρία ἐκ τῶν Ἰουδαίων ἐστίν.	22 Vous, vous adorez ce que vous ne connaissez pas; nous, nous adorons ce que nous savons.
23 ἀλλ' ἔρχεται ὥρα καὶ νῦν ἐστιν, ὅτε οἱ ἀληθινοὶ προσκυνηταὶ προσκυνήσουσιν τῷ πατρὶ ἐν πνεύματι καὶ ἀληθείᾳ· καὶ γὰρ ὁ πατὴρ τοιούτους ζητεῖ τοὺς προσκυνοῦντας αὐτόν.	23 Mais l'heure vient et c'est maintenant, où les vrais adorateurs adoreront le Père en esprit et vérité.
24 πνεῦμα ὁ θεός, καὶ τοὺς προσκυνοῦντας αὐτὸν ἐν πνεύματι καὶ ἀληθείᾳ δεῖ προσκυνεῖν.	24 Dieu est esprit, et tous ceux qui l'adorent doivent l'adorer en esprit et vérité».

25 Λέγει αὐτῷ ἡ γυνή· οἶδα ὅτι Μεσσίας ἔρχεται ὁ λεγόμενος χριστός· ὅταν ἔλθῃ ἐκεῖνος, ἀναγγελεῖ ἡμῖν ἅπαντα.	25 La femme lui dit: «Je sais que le Messie vient, celui que l'on appelle Christ. Quand il viendra, il nous enseignera toutes choses».
26 λέγει αὐτῇ ὁ Ἰησοῦς· ἐγώ εἰμι, ὁ λαλῶν σοι.	26 Jésus lui dit: «Je le suis, moi qui te parle».
27 Καὶ ἐπὶ τούτῳ ἦλθαν οἱ μαθηταὶ αὐτοῦ καὶ ἐθαύμαζον ὅτι μετὰ γυναικὸς ἐλάλει· οὐδεὶς μέντοι εἶπεν· τί ζητεῖς ἢ τί λαλεῖς μετ' αὐτῆς;	27 Sur ce, arrivèrent ses disciples et ils s'étonnèrent du fait qu'il parlait avec une femme; cependant, personne ne lui dit: «Que cherches-tu» ou «Pourquoi parles-tu avec elle?».
28 ἀφῆκεν οὖν τὴν ὑδρίαν αὐτῆς ἡ γυνὴ καὶ ἀπῆλθεν εἰς τὴν πόλιν καὶ λέγει τοῖς ἀνθρώποις·	28 Alors la femme laissa sa cruche, s'en alla dans la ville et dit aux gens:
29 δεῦτε ἴδετε ἄνθρωπον ὃς εἶπέν μοι πάντα ὅσα ἐποίησα, μήτι οὗτός ἐστιν ὁ χριστός;	29 «Venez voir un homme qui m'a dit tout ce que j'ai fait. Ne serait-il pas le Christ?».
30 ἐξῆλθον ἐκ τῆς πόλεως καὶ ἤρχοντο πρὸς αὐτόν.	30 Ils sortirent de la ville et s'en allèrent vers lui.
31 Ἐν τῷ μεταξὺ ἠρώτων αὐτὸν οἱ μαθηταὶ λέγοντες· ῥαββί, φάγε.	31 Entretemps, les disciples le priaient en disant: «Maître, mange!».
32 ὁ δὲ εἶπεν αὐτοῖς· ἐγὼ βρῶσιν ἔχω φαγεῖν ἣν ὑμεῖς οὐκ οἴδατε.	32 Mais il leur dit: «J'ai à manger une nourriture que vous ne connaissez pas».
33 ἔλεγον οὖν οἱ μαθηταὶ πρὸς ἀλλήλους· μή τις ἤνεγκεν αὐτῷ φαγεῖν;	33 Alors les disciples se dirent l'un à l'autre: «Quelqu'un lui aurait-il apporté à manger?».
34 λέγει αὐτοῖς ὁ Ἰησοῦς· ἐμὸν βρῶμά ἐστιν ἵνα ποιήσω τὸ θέλημα τοῦ πέμψαντός με καὶ τελειώσω αὐτοῦ τὸ ἔργον.	34 Jésus leur dit: «Ma nourriture, c'est de faire la volonté de celui qui m'a envoyé et d'accomplir son œuvre».
35 οὐχ ὑμεῖς λέγετε ὅτι ἔτι τετράμηνός ἐστιν καὶ ὁ θερισμὸς ἔρχεται; ἰδοὺ λέγω ὑμῖν, ἐπάρατε τοὺς ὀφθαλμοὺς ὑμῶν καὶ θεάσασθε τὰς χώρας ὅτι λευκαί εἰσιν πρὸς θερισμόν. ἤδη	35 Ne dites-vous pas: «Encore quatre mois et arrive la moisson?». Mais moi je vous déclare: «Levez vos yeux et regardez: les champs sont déjà blancs pour la moisson». Déjà
36 ὁθερίζων μισθὸν λαμβάνει καὶ συνάγει καρπὸν εἰς ζωὴν αἰώνιον, ἵνα ὁ σπείρων ὁμοῦ χαίρῃ καὶ ὁ θερίζων.	36 le moissonneur reçoit son salaire et amasse du fruit pour la vie éternelle, afin que celui qui sème et celui qui amasse se réjouissent ensemble.
37 ἐν γὰρ τούτῳ ὁ λόγος ἐστὶν ἀληθινὸς ὅτι ἄλλος ἐστὶν ὁ σπείρων καὶ ἄλλος ὁ θερίζων	37 Car en ceci le proverbe est vrai: ''Autre est celui qui sème, autre est celui qui récolte''.
38 ἐγὼ ἀπέστειλα ὑμᾶς θερίζειν ὃ οὐχ ὑμεῖς κεκοπιάκατε· ἄλλοι κεκοπιάκασιν καὶ ὑμεῖς εἰς τὸν κόπον αὐτῶν εἰσεληλύθατε.	38 Moi, je vous ai envoyé moissonner ce qui ne vous a coûté aucune peine; d'autres ont peiné et vous êtes mêlés à leur peine».

39 Ἐκ δὲ τῆς πόλεως ἐκείνης πολλοὶ ἐπίστευσαν εἰς αὐτὸν τῶν Σαμαριτῶν διὰ τὸν λόγον τῆς γυναικὸς μαρτυρούσης ὅτι εἶπέν μοι πάντα ἃ ἐποίησα.	39 Beaucoup de Samaritains de cette ville crurent en lui à cause de la parole que la femme qui attestait: «Il m'a dit tout ce que j'ai fait».
40 ὡς οὖν ἦλθον πρὸς αὐτὸν οἱ Σαμαρῖται, ἠρώτων αὐτὸν μεῖναι παρ' αὐτοῖς· καὶ ἔμεινεν ἐκεῖ δύο ἡμέρας.	40 Quand donc les Samaritains arrivèrent auprès de lui, ils lui demandèrent de demeurer avec eux. Il demeura avec eux deux jours.
41 καὶ πολλῷ πλείους ἐπίστευσαν διὰ τὸν λόγον αὐτοῦ,	41 Bien plus nombreux furent encore ceux qui crurent en lui.
42 τῇ τε γυναικὶ ἔλεγον ὅτι οὐκέτι διὰ τὴν σὴν λαλιὰν πιστεύομεν, αὐτοὶ γὰρ ἀκηκόαμεν καὶ οἴδαμεν ὅτι οὗτός ἐστιν ἀληθῶς ὁ σωτὴρ τοῦ κόσμου.	42 Et ils disaient à la femme: «Ce n'est plus seulement à cause de tes dires que nous croyons; car nous avons entendu nous-mêmes et nous savons qu'il est vraiment le sauveur du monde».

1.1.2.3. Les techniques de l'argumentation

Dans la péricope de Jn 4, 1-42, comme du reste dans l'ensemble du 4ème évangile, *trois procédés littéraires* sont mis en œuvre: (a) *le malentendu (quiproquo);* (b) *la métaphore (ou langage symbolique);* (c) *l'ironie.*

a) Le malentendu (ou quiproquo johannique)

Ce premier procédé littéraire met en exergue l'ambivalence qui se laisse percevoir à vue d'œil dans certaines déclarations du Jésus johannique (cf. 3, 3-5). Le mécanisme de ce procédé littéraire met en scène un interlocuteur qui se méprend sur le sens d'une parole de Jésus, en l'interprétant en fonction des certitudes qui prévalent dans le monde. Selon Rudolf BULTMANN, « le malentendu se produit lorsque quelqu'un voit le sens correct d'un mot mais se trompe en imaginant que son sens s'épuise dans la référence à des données terrestres »[17].

Quant à R. Alan CULPEPPER, il distingue trois parties dans les malentendus propres à l'auteur du 4ème évangile[18]: (1)Jésus demande quelque chose en recourant à un « double entendre » ou une métaphore ambiguë ; (2)l'auditeur sélectionne un sens par rapport à un autre possible, en

[17] R. BULTUMANN, *John*, 135 n.1. (traduit par J. L. RESSEGUIE, *L'exégèse du Nouveau Testament. Une introduction*, Les Editions Lessius, Bruxelles 2009, 76.
[18] R. A. CULPEPPER, *Anatomy of the Fourth Gospel : A Study in Literary Design*, Fortress, Philadelphia 1983, 152.

général un sens littéral alors Jésus pense à un sens figuré ; (3) Jésus ou le narrateur clarifie le malentendu par une explication.

b) La métaphore (ou langage symbolique)

La *métaphore* n'établit pas de comparaison explicite entre deux choses nettement différentes; elle se contente plutôt d'attribuer une action ou une qualité de la première à la seconde, sur le mode de l'identité. Exploitant le double sens (le sens premier pointe vers un sens second), ce type de langage fournit le *réservoir sémantique* nécessaire à l'expression de la révélation. A titre d'exemple, nous avons : les paroles en Ἐγώ εἰμι (8,12.28; 10,7.10-11.14; 14,6.9.11; 15,1); l'usage de notions telles que ὕδωρ ζῶν (4,10), ἄρτος (6,22-59), φῶς (1,4-9; 8,12), ἄμπελος / κλήματα (15, 5) θύρα (10, 9), etc.

c) L'ironie

Ce procédé littéraire exploite la différence qui existe entre le sens apparent d'une affirmation ou d'un événement et son sens caché qui, du reste, est son sens véritable (11,47-50; 18,1-19,42). Il existe deux types d'ironie: *verbale* lorsqu'elle s'applique à une affirmation; *situationnelle* quand il s'agit d'un évènement[19]. L'ironie verbale provoque une contradiction entre ce qui est dit et ce qui est sous-entendu: l'auteur ou l'orateur explicite une attitude ou un jugement, mais sous-entend en même temps une attitude ou un jugement contraires, ceci généralement à l'opposé de ce qui est dit. Contrairement à l'ironie verbale, où il y a contradiction ou écart entre ce qui est dit et ci qui est visé, dans l'ironie situationnelle le locuteur fait montre de naïveté par rapport à l'ironie et n'en prend pas conscience. De ce fait, seuls l'auteur et le lecteur la perçoivent[20].

D'une manière générale, *la valeur de l'ironie* englobe *une triple fonction narrative*: convaincre le lecteur (1); transmettre des convictions (2); renforcer la visée du récit par des moyens que le discours direct ne peut mettre en œuvre (3)[21].

---

[19] Cf. R. FOWLER, *A Dictionary of Modern Critical Terms*, London 1987.
[20] J. L. RESSEGUIE, *L'exégèse narrative du Nouveau Testament*, 79.
[21] *Ibidem*, 86.

1.2. EXEGESE DE Jn 4,1-42

La péricope Jn 4, 1-42 s'inscrit dans la perspective d'ensemble de Jn 4, où l'auteur du 4ème évangile présente des épisodes formant *un tout assez riche*[22]. Jn 4 présente une suite de genre biographique. En partant d'épisodes variés. En partant de la Judée vers la Galilée, Jésus passe par la Samarie. Et c'est là qu'il fait l'expérience de la rencontre d'une femme Samaritaine, dans la ville Sychar, au puits de Jacob. Après un séjour de deux jours en Samarie, il se rend à Cana où il guérit le fils d'un fonctionnaire royal de Capharnaüm. La *séquence temporelle* de la péricope est de type *linéaire*[23]:

→ Jésus quitta la Judée pour la Galilée (v.3);

→ Jésus arrive au puits de Jacob(vv.5-6);

→ Arrive une femme de Samarie pour puiser de l'eau (v.7a);

→ Les disciples retournent (v.27);

→ La femme abandonne sa cruche et s'en va en ville (v.28);

→ Les Samaritains viennent vers Jésus (v.30);

→ Les Samaritains invitent Jésus à demeurer parmi eux (vv.40);

→ Après deux jours, Jésus part pour la Galilée (v.43).

Cette séquence temporelle de type linéaire vient expliciter au mieux la structuration de la péricope de Jn 4, 1-42 car elle fait ressortir une adhésion progressive de la femme Samaritaine à la révélation messianique de Jésus. Une telle adhésion suscitera la confession de foi des Samaritains: « Ce n'est plus seulement à cause de tes dires que nous croyons; nous l'avons entendu nous-mêmes et nous savons qu'il est vraiment le Sauveur du monde » (v.42).

1.2.1. Jn 4, 1-3 : Post-scriptum sur le Baptême de Jésus et celui de Jean

Les vv.1-3 servent de transition. Il s'agit ici, tout d'abord, de précisions spatiales: Jean met en exergue le départ de Jésus de la Judée vers la Galilée, en passant par la Samarie (v.3). Les motifs du

---

[22] X. LEON-DUFOUR, *Lecture de l'évangile selon Jean*, T. I (chap. 1-4), Les Editions du Seuil, Paris 1988, 335.

[23] F. J. MOLONEY, *Il Vangelo di Giovanni,* Editrice Elledici, Torino 2007, 99.

départ de Jésus sont précisés au v.1: « Quand Jésus apprit que les Pharisiens avaient entendu dire qu'il faisait plus de disciples et en baptisait plus que Jean ». De même, la raison de sa présence est expliquée au v.4. Ainsi donc, un tel départ trouve sa raison d'être dans le fait que Jésus était enclin à quitter la Judée parce que les pharisiens nourrissaient des craintes à cause de son succès et du grand nombre de disciples qu'il s'attirait. Son activité a donc suscité la suspicion et l'envie.

La Galilée et la Judée constituent les deux pôles du ministère public de Jésus. Ces pôles géographiques comportent une double dimension spirituelle : d'une part *l'adhésion à la foi* (cf. 2,23) et d'autre part *la répulsion* (cf. 3,19-20). L'évocation du départ de la Judée vers la Galilée trouve son pendant dans *l'inclusion littéraire* en 4,43-45. Le verbe ἀπέρχομαι signifie « s'éloigner »: il exprime l'idée de séparation et le lieu que l'on quitte. Par contre, dans ce cas précis, comme en d'autres versets (en particulier avec la préposition εἰς ou πρός,), il exprime l'idée de communion et un lieu retrouvé[24].

Le v.1 au sujet du baptême de Jésus se réfère explicitement au passage où il est dit que Jésus baptisait (3,22). Cette indication se rattache à une tradition historique dont le rédacteur de l'évangile croit devoir tenir compte, et qu'il cherche à préciser par le v.2[25]. En effet, les vv.1-3 ont suscité différentes interprétations concernant sa *forme secondaire*: le v.2 commence avec καίτοιγε qui est un *hapax legomenon* dans le N.T. La parenthèse du v.2 a suscité de nombreuses interprétations de la part des exégètes parce qu'étant en contradiction avec Jn 3, 22. Il y a donc tension entre 3, 22 et 4, 2. Deux principales solutions se posent: (a) l'existence de deux ou plusieurs rédactions ; (b) la distinction entre Jésus et ses disciples.

La première solution met en exergue l'idée d'un rajout, à une époque où la période durant laquelle Jésus avait baptisé était progressivement passée sous silence (voir les synoptiques qui n'en parlent pas), dans le but d'éviter d'éventuelles comparaisons avec Jean Baptiste[26]. De ce fait, 3, 22

---

[24] Y. SIMOENS, *Selon Jean*, vol.2, *Une interprétation,* Les Editions de l'Institut d'Etudes Théologiques, Bruxelles 1997, 210.
[25] G. ZEVINI, *Commentaire spirituel de l'Evangile de Jean*, Médiaspaul, Paris 1995, 103.
[26] A. MARCHADOUR, *L'évangile de Jean. Commentaire pastoral*, Centurion, Paris 1992, 73.

et 4, 2 ne peuvent pas être attribués au même auteur[27].

Quant à la deuxième solution - qui nous semble être la plus plausible - elle fait cas d'une *glose explicative* pour tenter d'harmoniser la mention de Jn 3, 22. Ceci revient à dire que toute activité baptismale en rapport avec celle de Jean le Baptiste ne peut relever que des disciples de Jésus et non de lui-même. Et dans ce cas, s'il y a eu effectivement des activités baptismales parallèles, ce ne peut être que le fait des disciples et non de Jésus lui-même. C'est pourquoi il quitte la Judée pour ainsi couper court à ce que qui risquait d'être considéré comme une concurrence. D'ailleurs le texte suggère discrètement que ce souci d'éviter un éventuel conflit avec les Pharisiens de Judée n'était pas non plus étranger à cette décision[28].

1.2.2. Jn 4,4-42: La révélation de Jésus en Samarie

1.2.2.1. Jn 4,4-6:Introduction

L'impératif ἔδει du v. 4 indique une obligation d'ordre *théologique* plus que *géographique* comme en d'autres passages de Jn (cf. 3,14.30; 9,4; 10,16; 12,34; 20,9). Donc il ne s'agit pas de nécessité géographique[29]. Si l'on considère que la route principale qui va de la Judée à la Galilée passe par la Samarie[30] et que Jésus se trouvait dans la vallée du Jourdain (3, 22), il aurait pu se rendre facilement au Nord en traversant la vallée et remonter ainsi en Galilée en passant par Beisan, pour éviter ainsi de passer par la Samarie. Dans le 4ème évangile, l'expression d'une *nécessité* traduit l'idée du dessein salvifique de Dieu.

Jésus pouvait bel et bien passer par un autre itinéraire pour se rendre en Galilée; la Samarie

---

[27] C. H. DODD, *La tradizione storica del Quarto Vangelo*, Paideia, Brescia 1983, 237.285-286.

[28] C. L'EPLATTENIER, *L'évangile de Jean,* Labor et Fides, Genève 1993, 94-95.

[29] "This is not geographical necessity; for, although the main route from Judea to Galilee was through Samaria (Josephus *Ant.* XX.vi.1; 118), if Jesus was in the Jordan valley (iii 22) he could easily have gone north through the valley and then up into Galilee through the Bethshan gap, avoiding Samaria. Elsewhere in the Gospel (iii 4) the expression of necessity means that God's will or plan is involved": R. E. BROWN, *The gospel according to john (i-xii). introduction, translation, and notes,* The Anchor Bible, volume 29, Doubleday & Company, New York 1966, 169; cf. R. E. BROWN, *Giovanni. Commento al Vangelo spirituale / capp.1-12*, Citta della Editrice, Assisi 1979, 220.

[30] J. FLAVIUS, *Antiquités Juives* XX.vi.1; 118.

n'était pas le seul chemin possible[31]. Pour se rendre du Sud au Nord, c'est-à-dire de la Judée à la Galilée, Jésus avait une double alternative : soit traverser la Samarie soit passer par le Jourdain. La signification *théologique* de cet itinéraire est liée à la nécessité de la mission que Jésus a reçue du Père: *accomplir la volonté du Père* (cf. 9,4; 10,16; 20,9). Dans son dessein salvifique, Dieu a ouvert une voie au peuple samaritain. Le temps est venu pour Jésus de commencer sa mission messianique (cf.4, 34)[32].

Jésus a donc pour mission de *rassembler dans l'unité les enfants de Dieu dispersés* (Jn 11, 52). Une telle mission revêt une portée universelle qui va au-delà des barrières ethniques, raciales, culturelles[33]. La traversée de la Samarie est une « nécessité » au même titre que ces trois autres qu'on trouve dans 4ème évangile:

- ✓«Il faut travailler aux œuvres de Celui qui m'a envoyé» (9,4: pour ce cas précis, il s'agit de faire accéder un aveugle à la lumière);
- ✓«J'ai d'autres brebis qui ne sont pas de cet enclos; celles-là aussi, il faut que je les mène» (10,16);
- ✓«Il faut que le fils de l'homme soit élevé» (12,34)[34].

Par ailleurs, certains exégètes sont d'avis que l'impératif ἔδει traduit une précision *d'ordre topographique*, considérant que ce chemin était le plus court pour les pèlerins du temps[35]. Toujours est-il que cette explication ne tient pas compte du contexte: Jésus part non de Jérusalem, mais d'Aenon près du Jourdain; donc géographiquement, il lui aurait été plus facile de suivre la vallée du Jourdain, comme cela se pratiquait souvent[36].

Au v.5, est mentionnée l'indication détaillée du lieu où Jésus fait escale: *Sychar*, une ville de

---

[31] B. ESCAFFRE, «Evangile de Jésus Christ selon saint Jean, 1- Le livre des signes (Jn1-12)», in *Cahiers Evangile* 145(2008), 28; cf. A. MARCHADOUR, *L'Evangile de Jean,* 912-922; X. LEON-DUFOUR, *Lecture de l'évangile de Jean,* 338-401; A. MARCHADOUR, *Les Personnages dans l'évangile de Jean*77-90; C. L'EPLATTENIER, *L'évangile de Jean*, 94-95.

[32] G. ZEVINI, *Commentaire spirituel de l'Evangile de Jean*, Les Editions Médiaspaul, Paris 1995, 104.

[33] Cf. Y. SIMOENS, *Selon Jean. Une interprétation*, Les Editions de l'Institut d'Etudes Théologiques, Bruxelles 1997, 209-210.

[34] A. FOURNIER-BIDOZ, *Prophètes dans le texte. Dix investigations bibliques pour servir la mission de l'Eglise*, Desclée de Brouwer, Paris 2013, 95.

[35] J. FLAVIUS, *Antiquités Juives*, XX, 118.

[36] X. LEON-DUFOUR, *Lecture de l'évangile selon Jean, Tome I (chap.1-4),* 340.

Samarie, là où se trouve le puits de Jacob[37]. L'indication topographique se fait de manière progressive: *la Samarie → Sychar → le puits de Jacob*. Certains exégètes identifient « Sychar » soit avec « Askar » soit avec « Sichem ». *Sychar*, aujourd'hui *Askar*, se trouvait probablement au fond de la vallée, entre l'Ebal et le mont Garizim, à environ un kilomètre du puits de Jacob. Sichem, aujourd'hui Naplouse, se trouvait également entre les Mont Ebal et Garizim. Mais comme l'a suggéré R. E. BROWN, l'identification de *Sychar* avec *Sichem* est plus adaptée[38]. Quant à l'identification de *Sychar* avec *Askar*, elle est probablement due à une erreur pour diverses raisons. L'appellation arabe *Askar* indique une habitation médiévale située à moins de deux kilomètres au Nord-Est du puits de Jacob qui a jadis servi de camp militaire. D'ailleurs *Askar* a son propre puits; un fait qui rend inexplicable le long voyage de la femme Samaritaine jusqu'au puits de Jacob. En définitive, l'identification avec *Sichem* est plus adaptée du fait que le puits de Jacob se trouve à moins de cent mètres de Sichem.

Le v.6b décrit l'état de Jésus : Fatigué par la marche, Jésus s'arrête en chemin à l'heure où la chaleur atteint son paroxysme, à la *sixième heure* (ὥρα ἦν ὡς ἕκτη), c'est-à-dire à midi et s'assied sur la margelle du puits. L'interprétation de la mention de la *sixième heure* a suscité de nombreuses hypothèses. Nous en mentionnons ici six[39] :

- ✓*La soif et la fatigue de* Jésus: le soleil étant à son zénith, la «sixième heure» explique la soif et la fatigue de Jésus;
- ✓*La situation marginale de la femme*: en venant au puits à pareille heure, elle cherche à éviter de rencontrer d'autres femmes;
- ✓*La situation sociale de la femme*: elle est contrainte par son dur labeur quotidien, bravant la

[37] « Rendu célèbre par la rencontre de Jésus avec une samaritaine, le puits de Jacob, également appelé pour cette raison ''puits de la Samaritaine''. Situé en Samarie (cf. Jn 4, 4-5), le puits de Jacob est identifié avec certitude avec un puits profond qui est situé au pied nord-est du mont Garizim et près d'un carrefour de routes importantes. Ce puits se trouve à 1, 500 km au sud du village actuel 'Askar et à 300 m au sud-est de l'antique Sichem (Tell el Balata) » : J. BRIEND, « Puits », in H. CAZELLES - A. FEUILLET (sous la dir.), *Dictionnaire de la Bible. Supplément,* T IX, Letouzey & Ané, Paris 1979, 386.

[38] R. E. BROWN, *Giovanni. Commento al Vangelo spirituale / capp. 1-12*, Città della Editrice, Assisi 1979, 220.

[39] Cf. J. ZUMSTEIN, *L'évangile selon Saint Jean (1-12)*,146.

fatigue et la chaleur;

✓*Le calcul romain des heures*: chez les romains, la «sixième heure» correspondrait à dix-huit-heures, donc l'heure habituelle pour se rendre au puits;

✓*Des rapports d'intertextualité*: il y a là un jeu intertextuel avec Ex 2, 15-22. Jésus est comparé à Moïse; ou encore avec Gn 29, 7: c'est du milieu de la journée que Rachel rencontra Jacob auprès du puits[40];

✓*Des rapports d'intratextualité*: d'une part il y a la symbolique de la lumière par opposition à la « nuit » (cf. la rencontre de Nicodème qui était de nuit). D'autre part, la « sixième heure » est mise en relation avec la « sixième heure » de 19, 14: dans cette hypothèse, un lien étroit est établi entre le « Jésus » assoiffé et fatigué en 4, 6-7 et le «Jésus» de la Passion[41] (cf. 19, 28).

1.2.2.2. Jn 4,7-15: L'eau vive

Le dialogue de Jésus avec la femme Samaritaine comprend trois parties: la première aborde le thème du don de l'« eau vive » (vv.7-15); la seconde évoque l'épineuse question des maris (vv.16-19); la troisième se concentre sur la question de la « véritable adoration » (vv.20-26).

Au v. 7b, Jésus engage le dialogue avec la femme Samaritaine par une demande: Δός μοι

---

[40] « Les récits sur Jacob sont forts développés dans la Bible, qui le suit de sa naissance (sa rivalité avec son frère Ésaü) jusqu'à sa mort et son ensevelissement. Le départ de Jacob de Bersabée pour Harran a excité l'imagination des homélistes auxquels la tradition targoumique fait écho (voir 335). Au début de la section biblique proclamée dans la liturgie, une série de prodiges est évoquée, montrant la bienveillance de Dieu à l'égard du patriarche et la protection qu'il lui accorda. Au moment où Jacob quitte Bersabée, cinq prodiges sont accomplis en sa faveur: les heures du jour furent abrégées; les pierres lui servant d'oreiller devinrent une; la route s'abrégea; le patriarche déplaça sans difficulté la pierre imposante qui fermait le puits aux portes de Harran, enfin l'eau ne cessa de couler abondamment du puits tant que Jacob demeura à Harran. Ce dernier prodige donne le contexte traditionnel des paroles de Jésus de Nazareth à l'adresse de la Samaritaine rencontrée près du puits de Jacob aux portes de Sychar: 'Celui qui boira de l'eau que je lui donnerai n'aura plus jamais soif; au contraire l'eau que je lui donnerai deviendra en lui une source jaillissante en vie éternelle''» : J.-P. LEMONON, «Les Pères et les prophètes: préfigurations de l'avenir», in H. COUSIN (sous la dir.), *Le monde où vivait Jésus,* Les Editions du Cerf, Paris 1998, 643-644.

[41] " The woman's choice of time for coming to the well is unusual; such a chore was done in the morning and evening. There is little likelihood in the suggestion ... that the scene is deliberately being related to the crucifixion, where noon is also the hour (xi 14) and Jesus is again driven to express his thirst (xix 28). However, the great medial hymn the *Dies Irae* seems to have made this connection: ''Quaerens me sedisti lassus; redemisti crucem passus.'' The suggestion that hours should be reckoned from midnight rather than from 6:00 A.M. would change the time notation in this verse to 6:00 A.M. Such an hour would fit the scene at the well, but would not fit ''the sixth hour'' of xix 14": R. E. BROWN, *The gospel according to john (i-xii). introduction, translation, and notes,* 169.

πεῖν! L'initiative qui ouvre l'espace de dialogue vient donc de lui. L'on pourrait faire un parallélisme ici avec cette « soif » du peuple hébreu dans le désert: « Le peuple querelle à Moïse: ''Donnez-nous de l'eau à boire'', dirent-ils » (Ex 17, 2). Pour satisfaire leur demande, Dieu avait indiqué à Moïse le roche d'où allait jaillir l'eau vive:

> « Là-bas, le peuple eut soif; le peuple murmura contre Moïse: ''Pourquoi donc, dit-il, nous as-tu fait monter d'Egypte? Pour me laisser mourir de soif, moi, mes fils et mes troupeaux?''. Moïse cria au SEIGNEUR: ''Que dois-je faire pour ce peuple? Encore un peu, ils vont me lapider.'' Le SEIGNEUR dit à Moïse: ''Passe devant le peuple, prends avec toi quelques anciens d'Israël; le bâton dont tu as frappé le Fleuve, prends-le en main et va. Je vais me tenir devant toi, là, sur le rocher - Horeb. Tu frapperas le rocher, il en sortira de l'eau, et le peuple boira.'' Moïse fit ainsi, aux yeux des anciens d'Israël ». (Ex 17, 3-6).

La notion d'« eau vive » revêt ici deux niveaux: le *sens littéral* (eau de source, eau courante) et le *sens métaphorique* (le salut). La fatigue résultant de la marche justifie l'arrêt de Jésus en milieu de journée et naturellement le motif de sa soif (v.7) lui donne d'aborder la femme Samaritaine. Au-delà du sens littéral, la portée métaphorique laisse percevoir que la soif de Jésus n'est donc pas seulement celle d'un homme fatigué. Bien plus, elle fait écho à la situation de tout un peuple et surtout à la grandeur du don de Dieu qui permit à Israël de vivre dans le désert[42].

En abordant la femme Samaritaine, l'« homme » Jésus - de surcroît « Juif » - va à contre-courant d'une double considération socio-culturelle et religieuse; il fait fi des clivages socioreligieux: d'une part il transgresse la codification traditionnelle du rapport homme-femme[43]; d'autre part, au niveau religieux, le Juif dépositaire du véritable culte (cf. vv.21-22) se souille en entrant en contact avec une Samaritaine issue d'une tradition invalide. Nous devons à la vérité de

---

[42] B. ESCAFFRE, «Evangile de Jésus Christ selon saint Jean, 1- Le livre des signes (Jn1-12) », in *Cahiers Evangile* 145 (2008), 29.

[43] Pour la tradition rabbinique, « Yosé ben Yohanan de Jérusalem disait : ... ne parle pas trop avec les femmes : avec sa femme dit-on, a fortiori, avec la femme d'autrui. De là les sages déduisent : tout le temps qu'on parle trop avec une femme on attire le malheur sur soi-même, on abandonne les paroles de la Torah et on finit par hériter la géhenne » : BONSIRVEN, *Textes rabbiniques*, 5. cité par J. ZUMSTEIN, *L'Evangile selon saint Jean*, 147.

reconnaître qu'il y avait une certaine *haine réciproque* en Juifs et Samaritains[44]. A ce propos, un proverbe bien connu des Juifs ne dit-il pas: « L'eau des Samaritains est plus impure que le sang même du porc »!

En définitive, Jésus balaie d'un revers de mains ce qu'on a appelé à juste titre *les trois excuses principales*[45]:

- ***L'excuse de l'état***: «*Comment? Toi, un Juif, tu me demandes à boire à moi, une femme samaritaine!*» (cf. v.9);
- ***L'excuse de la difficulté***: «*Seigneur, tu n'as pas même un sceau et le puits est profond*» (cf. v.11);
- ***L'excuse de la variété des opinions et des doctrines***: «*Nos pères ont adoré sur cette montagne et vous, vous affirmez qu'à Jérusalem se trouve le lieu où il faut l'adorer*» (v.20).

Mis à part les traditions des patriarches, les deux personnages n'ont rien de commun; toutefois leur rencontre sera déterminante. La structure dialogique du texte permet de déceler un véritable *processus de changement progressif* qui se laisse percevoir aisément. Les deux principaux protagonistes du textes (Jésus et la femme Samaritaine) mettent bien exergue ledit *processus de changement* progressif. Au départ, Jésus est présenté sous les traits de celui qui est en quête (v. 7b) ; à la fin il revêt la figure du donateur (v.15). La femme Samaritaine, quant à elle, en revanche, adopte une attitude bien opposée (comparer les vv. 9 et 15). D'autre part, de prime abord, Jésus se

[44] L'historien J. FLAVIUS raconte que « la haine grandit entre Samaritains et juifs pour le motif suivant : pour se rendre dans la ville sainte à l'occasion des fêtes, les Galiléens avaient coutume de passer par le territoire samaritain. Cette fois-là au cours du voyage, des habitants d'un bourg nommé Ginaia et situé à la limite de la Samarie et de la grande plaine, engagèrent le combat (contre les pèlerins) et en tuèrent un bon nombre. Informés de ce forfait, les notables de Galilée vinrent trouver le procureur Cumanus et le prièrent de châtier ce meurtre de victimes innocentes. Mais lui, acheté à grands frais par les Samaritains, accorda davantage crédit à ces derniers et négligea de faire justice. Indignés de ce comportement, des Galiléens persuadèrent la foule des juifs de recourir aux armes et à la vengeance meurtrière pour défendre la liberté. ''En soi, la servitude est déjà amère, disaient-ils ; mais lorsque s'y ajoute l'outrage, elle devient absolument intolérable''. Les magistrats tentèrent de les apaiser et de décourager l'agitation en s'engageant à persuader Cumanus de tirer vengeance des meurtriers, mais ils ne furent pas suivis. Les juifs prirent les armes, appelèrent à l'aide Eléazar, fils de Dinaios - c'était un bandit qui vivait dans la montagne depuis de nombreuses années -, et ils pillèrent certains villages samaritains auxquels ils mirent le feu. Dès que la nouvelle en parvint à Cumanus, celui-ci prit avec lui l'escadron de cavalerie dit ''les Sébasténiens'' et quatre cohortes d'infanterie, fit armer les Samaritains et marcha contre les juifs ; lors du combat, il en tua beaucoup et en captura vivants un nombre considérable » : Y.COUSIN (éd.), *Le monde où vivait Jésus,* Les Editions du Cerf, Paris 1998, 734.

[45] Cf. J. P. MIGNE, *Orateurs sacrés,* XLII, 798-819.

présente comme un homme tenaillé par la fatigue et la soif (v. 6) ; à la fin il est perçu comme un thaumaturge (v.15). Deux personnages totalement différent, du moins par l'origine géographique, le sexe, la religion. Mais leur rencontre a été déterminante, aussi bien pour la transformation de l'une (la femme Samaritaine) que pour la révélation de l'autre (Jésus)[46].

Jésus prend l'initiative d'entrer en dialogue avec la femme Samaritaine en lui demandant à boire. Mais cette dernière lui oppose un refus catégorique: « Comment? Toi, un Juif, tu me demandes à boire à moi, une femme samaritaine! » (v. 9a). C'est seulement en Jn 4, 9a que Jésus vient à être appelé Ἰουδαῖος. Ce refus catégorique de la femme Samaritaine peut être motivé par une double hypothèse: soit (a) *les Juifs ne mangent pas dans les mêmes plats que les Samaritains* soit (b) *les Juifs ne veulent avoir rien de commun avec les Samaritains.* Dans la première hypothèse, la femme Samaritaine évite à Jésus d'être en contact avec elle pour ne pas le rendre «impur»; dans la seconde hypothèse, il s'agirait plutôt d'une preuve d'intolérance[47]. La locution verbale συγχρῶνται (v.9) pourrait être traduite par «se servir en commun de», si bien que quelques érudits ont supposé qu'il y avait là une référence à l'interdiction d'utiliser les mêmes récipients[48].

Au départ, la femme Samaritaine adopte une certaine attitude de méfiance vis-à-vis de « l'homme juif » Jésus (v.9b) parce que bien ancrée dans les considérations *sociohistoriques* et *ethnico-religieuses* de sa tradition. Une telle attitude met encore en exergue le *malentendu* si cher à l'auteur du 4ème évangile. Mais son attitude de méfiance va vite céder la place à une sorte de « mise en confiance ». Elle vient de faire une expérience qui la bouleverse profondément: c'est parce que l'« homme juif » Jésus vient de combler, au-delà de ses attentes, ses aspirations les plus secrètes[49].

Au v.10, le génitif τὴν δωρεὰν τοῦ θεοῦ (v.10) est objectif et indique que Jésus parle d'un don qui provient de Dieu lui-même. Jésus veut susciter auprès de la femme Samaritaine une certaine prise de conscience qui l'amènerait à quitter le stade primaire de son niveau de compréhension

---

[46] A. MARCHADOUR, *L'Evangile de Jean*, 74.

[47] *Ibidem*,76.

[48] D. GUTHIER, « Jean », in D. GUTHRIE *et alii* (sous la dir.), *Nouveau Commentaire Biblique*, Les Editions Ammaus, 1978, 981.

[49] A. MARCHADOUR, *L'Evangile de Jean*, 78.

(l'eau comme besoin biologique) pour ainsi se hisser à un niveau supérieur, à savoir: la découverte du sens métaphorique de l'eau et de sa véritable identité. A la question posée, Jésus ne répond pas en termes de clivage socioreligieux, mais renvoie plutôt à son identité particulière: « Si tu connaissais le don de Dieu et celui qui te dit: ''Donne-moi à boire'' ». Jésus opère ainsi une inversion des rôles: reprenant les termes de la question de son interlocutrice, Jésus suggère leur possible renversement. Un tel retournement de situation est attesté d'une double façon: d'une part, de *demandeur*, il devient le possible *donateur*; d'autre part, l'objet du dialogue (ὕδωρ) est métaphorisé et devient ὕδωρ ζῶν. Le *don de Dieu* dont parle Jésus (v.10) se trouve être bien explicité en Jn 7, 37-39:

> « Le dernier jour de la fête, qui est aussi le plus solennel, Jésus, debout, se mit à proclamer: ''Si quelqu'un a soif, qu'il vienne à moi et que boive celui qui croit en moi. Comme l'a dit l'Ecriture: ''De son sein couleront des fleuves d'eau vive''. Il désignait l'Esprit que devaient recevoir ceux qui croiraient en lui: en effet, il n'y avait pas encore d'Esprit parce que Jésus n'avait pas encore été glorifié ».

La préposition interrogative indirecte introduite par καὶ (καὶ τίς ἐστιν ὁ λέγων σοι· Δός μοι πεῖν) suggère que le don est inséparable du donateur, c'est-à-dire du révélateur: c'est un καὶ *epexégénique*.

Au v.11, le *malentendu johannique* s'amplifie davantage. La femme Samaritaine est restée prisonnière de sa compréhension matérielle de l'eau: elle est tout simplement une substance matérielle qu'il s'agit de puiser dans un puits. Son raisonnement est teinté de rationalité mais se meut toujours dans la sphère de la réalité immanente et immédiate. Le titre Κύριε (v.11) indique que la femme Samaritaine commence à changer d'appréhension vis-à-vis de Jésus.

Le v.12 pose une interrogation fondamentale qui traduit la certitude de la femme Samaritaine et son farouche attachement à son identité historique. D'ailleurs l'usage de la particule interrogative μὴ (« est-ce que? ») laisse présager qu'à la question de la supériorité de Jésus sur le patriarche Jacob, il ne peut y avoir qu'une réponse négative: « Serais-tu plus grand, toi, que notre père Jacob qui nous a donné le puits et qui, lui-même, y a bu ainsi que ses fils et ses bêtes? ».

Aux vv. 13 et 14, on s'attendait naturellement à ce que Jésus donne une réponse à la question de la femme Samaritaine, pour ainsi décliner sa véritable identité. Bien au contraire, Jésus se dérobe à la question de son identité. Bien plus, il balaie d'un revers de mains les données et certitudes de l'histoire et de la tradition de la femme Samaritaine.

Au v.13, l'eau tirée du puits, même si elle est abondante, ne saurait calmer la soif de façon définitive (διψήσει πάλιν): «encore soif». Son effet limité en trahit l'imperfection. Le participe présent πᾶς ὁ πίνων a la connotation d'un acte destiné à se répéter. Au v.14, l'eau offerte par Jésus désaltère pour toujours: οὐ μὴ διψήσει εἰς τὸν αἰῶνα (« n'aura plus jamais soif »). L'eau offerte par Jésus tient dans une expression au subjonctif aoriste ὃς δ' ἂν πίῃ qui traduit le caractère unique de l'action. L'eau que donne Jésus revêt trois caractéristiques fondamentales(v.14): (1) elle désaltère à jamais (οὐ μὴ διψήσει εἰς τὸν αἰῶνα); (2) elle devient source (γενήσεται ἐν αὐτῷ πηγὴ ὕδατος); (3) elle jaillit en vie éternelle (ἁλλομένου εἰς ζωὴν αἰώνιον). Le participe présent ἁλλομένου (« jaillissant ») a une valeur durative: il exprime une action appelée à se développer sur une longue période.

Le v. 14 opère le passage du *sens littéral* au *sens métaphorique*. Un tel passage se vérifie à travers les trois considérations ci-après[50]: (1) une eau qui étanche la soif une fois pour toutes (εἰς ζωὴν αἰώνιον) ne saurait être une eau ordinaire; (2) une eau qui se transforme en source jaillissante (πηγὴ ὕδατος ἁλλομένου) en celui qui l'a bue représente une impossibilité dans l'ordre du réel; (3) une eau qui jaillit en vie éternelle (ὕδατος ἁλλομένου εἰς ζωὴν αἰώνιον) implique un changement de registre. Le futur δώσω apparaît deux fois. Signifie-t-il que l'itinéraire de foi sur lequel la femme Samaritaine s'est engagée n'est pas encore parvenu à son terme qui se trouve être la révélation du v.26? Ou bien faudrait-il considérer ce futur en lien avec le motif de « l'heure qui vient et qui est maintenant là » (cf. vv.21.23)? Dans ce cas, le futur signifierait que l'heure eschatologique vient toujours à nouveau du futur pour se manifester dans le présent. Ou bien, comme en Jn 6, 51, s'agit-

[50] J. ZUMSTEIN, *L'évangile selon Saint Jean (1-12), 150.*

il d'un futur qui supposerait l'achèvement de la révélation à la croix. Ou bien encore traduit-il le retour glorieux du Christ ressuscité? En définitive, toutes considérations faites, le verbe δώσω doit être mis en relation avec le thème de *la révélation eschatologique* qui se manifeste déjà *hic et nunc*.

Au v.15 la femme Samaritaine reprend la demande que Jésus lui avait faite: Δός μοι πεῖν. Elle demande à Jésus de lui donner de cette eau: Κύριε, δός μοι τοῦτο τὸ ὕδωρ. Une telle demande est motivée par deux principales raisons introduites par la particule causale ἵνα (« pour que ») et la négation μὴ (« ne »): ne plus avoir soif (μὴ διψῶ) et ne plus aller puiser de l'eau au puits (μηδὲ διέρχωμαι ἐνθάδε ἀντλεῖν). Une telle demande traduit l'incompréhension de la femme Samaritaine qui ne parvient pas encore à saisir la dimension symbolique des paroles de Jésus. Au-delà d'une telle incompréhension, surgit une certaine quête existentielle de la femme Samaritaine: elle est en quête de quelque chose qui serait en mesure de donner réellement sens à sa vie et à son activité journalière.

1.2.2.3. Jn 4, 16-19: Les maris

Au v.16 les impératifs Ὕπαγε (« va »), φώνησον (« appelle »), ἐλθε (« reviens ») indiquent sans doute un tournant décisif dans le processus de communication. En effet, en demandant à la femme Samaritaine d'aller chercher son mari, Jésus provoque une rupture dans la logique du dialogue entrepris avec cette dernière, étant entendu que c'est lui-même qui en avait pris l'initiative (v.7b). C'est parce qu'il a l'intention de « ré-orienter » le dialogue.

Au v.17 la femme Samaritaine répond à Jésus en affirmant qu'elle n'a pas de mari: Οὐκ ἔχω ἄνδρα. Mais Jésus ne tarde pas de rappeler sa vie conjugale « hors norme » (v.18): « Jésus lui dit: ''Tu dis bien: ''Je n'ai pas de mari''; tu en as eu cinq et l'homme que tu as maintenant n'est pas ton mari. En cela tu as dit vrai ». La réponse de Jésus manifeste son omniscience (cf. 1, 47-48; 2, 25). La femme Samaritaine menait une vie « hors norme », marquée par une pléthore de crises et en quête d'accomplissement. D'un point de vue juif palestinien, une femme ne devait pas être mariée plus de trois fois et le concubinage était considéré comme une honte[51]. Aux yeux d'un Juif, avec ses cinq maris, la femme Samaritaine succombe donc à la déchéance morale usuelle chez les schismatiques du Nord de la Judée[52].

L'existence maritale de la Samaritaine a suscité des tentatives variées se focalisant d'une part sur *la situation conjugale de la Samaritaine* et d'autre part sur *la situation religieuse des Samaritains*. Une double approche que l'on peut résumer par les quatre hypothèses[53] ci-après:

- ✓La première hypothèse met en exergue *la situation morale de la femme*: elle met à nu son existence immorale et pécheresse;
- ✓La seconde hypothèse qui, du reste, se trouve être la plus fréquente, par d'une interprétation allégorique du chiffre « cinq » en se focalisant sur un jeu intertextuel de 1R 17, 24-41[54]: les «cinq maris» symbolisent les divinités païennes des cinq tribus babyloniennes déportées en Samarie par le roi Sargon après la chute du royaume du Nord en 722 av. J.C. L'infidélité au Dieu de l'Alliance était souvent exprimée en terme d'adultère, et le mot ''mari'' (en hébreu' אִישׁ, en grec ἀνήρ avait fini par désigner YHWH. Ainsi dans un texte d'Osée, le grand prophète du royaume du Nord disait: « En ce jour-là, tu m'appelleras ''mon mari!'' et tu ne m'appelleras plus: ''mon Baal'' » (Os 2, 18)[55]. De ce fait, les cinq mariages successifs de la Samaritaine symbolisent le syncrétisme religieux des Samaritains, tandis que l'homme avec

---

[51] Selon la loi juive, il était possible pour une femme de se remarier, mais les scribes limitaient ce droit à deux ou trois mariages.

[52] Dans la *Mishnah*, on rencontre une description grotesque de l'impureté des femmes Samaritaines qui ont « leurs menstruations dès le berceau», *Niddah* 4, 1, cité par R. KIEFFER, *Le monde symbolique de saint Jean,* Lectio Divina 137, Les Editions du Cerf, Paris 1989, 49.

[53] "... Since earliest times many have seen a symbolism in the husbands. Origen (*In Jo.* XIII 8; GCS 10:232) saw a reference to the fact that the Samaritans held as canonical only the five books of Moses. Others today think of II King xvii 24 ff., where the foreign colonists brought in by the Assyrian conquerors are said to have come from five cities and to have brought their pagan cults with them. (Actually xvii 30-31 mentions seven gods that they worshiped, but Josephus Ant. Xiv.3; 288 implies a simplification to five gods.) Since the Hebrew word for ''husband'' (*ba'al,* ''master, lord'') was also used as a name for pagan deity, the passage in John is interpreted as a play on words: the woman representing Samaria has had five *be'alim* (the five gods previously worshiped) and the *ba'al* (Yahweh) that she now has is not really her *ba'al* (because the Yahwism of the Samaritans was impure). Such an allegorical intent is possible; but John gives no evidence that it was intented, and we are not certain that such allegory was a well-known jibe of the time which would have been recognized without explanation": R. E. BROWN, *The gospel according to john (i-xii). introduction, translation, and notes*, 171; cf. J. ZUMSTEIN, *L'Evangile selon saint Jean (1-2),* 152-153.

[54] Cf. J. FLAVIUS, *Antiquités juives* IX , 288 : le texte de 2R évoque cinq tribus, mais sept dieux, tandis que J. FLAVIUS mentionne un dieu pour chaque tribu, soit cinq.

[55] X. LEON-DUFOUR, *Lecture de l'évangile selon saint Jean,* 362-363.

lequel la femme vit, sans être mariée, serait une allusion à YHWH, mais adorée d'une façon schismatique sur le mont Garizim;

✓La troisième hypothèse présente la femme comme *la Samarie personnifiée*: à cette communauté rejetée, représentée par cette femme, Jésus se révèle comme *l'époux* messianique. Du coup, la Samarie devient *épouse messianique*;

✓La quatrième hypothèse, soutenue par *l'exégèse sociohistorique*, parle d'un récit de libération, eu égard à la situation matrimoniale de la femme et son exploitation sexuelle et économique par un homme en dehors de tout lien conjugal.

Dans cette perspective, le symbolisme du chiffre « cinq » viendrait à signifier l'instabilité et la frustration de la femme en quêtant en vain l'homme qui la fera exister vraiment. Par sa parole, Jésus lui a fait découvrir que son « exister » ne saurait se réduire uniquement à sa beauté éphémère et que sa dignité de femme est au-delà de sa puissance de séductrice[56].

Partant de la symbolique du chiffre « six » eu égard aux « six hommes » qu'a connu la femme Samaritaine, l'on peut faire un rapprochement avec la « sixième heure » évoquant l'heure à laquelle elle s'est rendue au puits (4, 6) et les « six jarres de pierres » aux noces de Cana de Galilée (4, 6). Il s'agit de la dialectique *nombre imparfait* (six) / *nombre imparfait-sacré* (sept)[57].

Mais alors que représente, dans ces deux hypothèses, le sixième époux (v. 18), quelle valeur symbolique lui attribuer? Comment aussi rattacher cette spéculation symbolique sur les cinq maris à la discussion sur l'eau et à la conversation sur l'adoration véritable ; après tout, on peut supposer que même dans un dialogue johannique il y ait un minimum de suite! D'ailleurs on ne voit pas très bien comment des allusions aussi énigmatiques aux divinités samaritaines ou à la Torah puissent amener la femme à voir en Jésus un prophète. Aucune difficulté, au contraire, à expliquer cet échange comme une véritable conversation, menée d'ailleurs selon la technique johannique du

---

[56] A. MARCHADOUR, *L'Evangile de Jean*, 82-83.

[57] J.-L. SKA, « Jésus et la Samaritaine (Jn 4). Utilité de l'Ancien Testament », in *Nouvelle Revue Théologique* 118 (1996), 6.

dialogue[58].

Origène commente Jn 4, 16s en parallélisme avec Rm 7, en partant de la thématique de la Loi de Moïse et la mort du Christ traduits en termes de *vétusté de la lettre* et *nouveauté de l'Esprit.* En Rm 7, l'Apôtre Paul fait la comparaison entre: la situation du chrétien vis-à-vis de la Loi de Moïse et celle d'une femme soumise à la loi de son mari aussi longtemps que ce dernier est en vie. Mais à la mort du mari, la femme devient libre d'appartenir à un autre. De même, depuis la mort du Christ, le chrétien a été libéré de la Loi de Moïse. C'est cette thématique traduite par Paul en termes de *régime nouveau de l'Esprit* et *régime périmé de la lettre* en Rm7, 6 que Origène a adopté et transposé. Sous l'effet de la polémique, le mari devient loi, et même loi des hérétiques. La Samaritaine égarée avec ses amants devient une femme égarée dans l'interprétation des Ecritures: le débat devient herméneutique et relève de la science de l'interprétation.[59]

Au v. 19, la femme Samaritaine commence à avoir une attitude d'ouverture à l'égard de Jésus quand elle affirme: « Seigneur, lui dit la femme, je vois que tu es un prophète" ». Le vocable προφήτης est utilisé sans article et le verbe θεωρῶ traduit par « vois » montre que la profession de foi assez limitée: cela est dû au fait qu'elle n'a pas encore muri la conviction de pouvoir reconnaître en cet homme « Juif » les qualités d'un prophète. Néanmoins, il y a un réel progrès dans sa démarche: du σὺ Ἰουδαῖος ὢν (v. 9b) elle est passée à Κύριε (vv. 11. 15. 19a).

1.2.2.4. Jn 4, 20-26: La véritable adoration

Au v.20, le lieu de la «véritable adoration» (προσκύνησις)[60] fait toucher du doigt l'épineuse question qui a été à l'origine du litige opposant Juifs et Samaritains[61]: « Nos pères ont adoré sur

---

[58] H. VAN DEN BUSSCHE, *Jean. Commentaire de l'évangile spirituel,* Desclée de Brouwer, Paris 1967, 189-190.

[59] ORIGENE, *Commentaire sur Saint Jean*, XIII, 47-50, cité par J.-M. POFFET, « Jésus et la Samaritaine (Jn 4, 1-42) », in *Cahiers Evangile Supplément* 93 (1995), 32.

[60] Selon H. GREEVEN, « προσκυνέω », in *ThWNT* VI, 765, l'adoration est toujours associée au geste de la prosternation et appartient au vocabulaire du pèlerinage à Jérusalem (cf. Jn 12, 20 ; Ac 8, 27 ; 24, 11) si bien que la question de l'adoration et celle du lieu sont indissociables : le Juif adore Dieu en se tournant vers Jérusalem, le Samaritain vers le mont Garizim.

[61] «... L'érection du Temple du Garizim et ... et l'installation comme grand prêtre de Manassé, dont le frère était grand prêtre à Jérusalem, à croire Josèphe, ... dateraient de la venue d'Alexandre le Grand en Palestine (vers 332); c'est ce qui aurait consacré le schisme avec le judaïsme, centré sur le Temple » : H. COUSIN - J.-P. LEMONON, « Un judaïsme aux sensibilités diverses », in H. COUSIN (sous la dir.), *Le monde où vivait Jésus,* 729.

cette montagne et vous, vous affirmez qu'à Jérusalem se trouve le lieu où il faut adore ».

Ce point d'âpre controverse met en exergue deux *lieux de culte.* D'une part, nous avons Jérusalem: il s'agit non d'abord de la ville, mais plus spécifiquement du Temple avec toute l'idéologie qui lui est liée. D'autre part, nous avons le mont Garizim. Aussi bien le mont Garizim que Jérusalem revêtent une portée théologique dans l'A.T: le mont Garizim est présenté comme la montagne de la bénédiction (cf. Dt 11, 29; 27, 11-12) tandis que Jérusalem est associée à Sion (cf. Ps 48; 122; Ex 2, 3-4; 2S 6-7; 2Ch 6, 6; 7, 12). S'inscrivant dans la même logique de la tradition de ses pères (οἱ πατέρες ἡμῶν), la Samaritaine associe le culte rendu à Dieu à un lieu bien défini (ὁ τόπος)[62].

Au v.21, Jésus l'amène alors à envisager le sens de «la véritable adoration» non pas suivant une perspective liée à des traditions issues du passé et qui détermineraient le moment présent, mais plutôt dans une perspective du futur ἔρχεται ὥρα. L'expression ἔρχεται ὥρα (cf. 4, 21.23; 5, 25.28; 16, 2.25) appartient au langage prophétique et renvoie à *l'échéance eschatologique* du salut, à la venue décisive de Dieu dans sa création. Dans le N.T., le verbe ἔρχομαι a une connotation eschatologique décrite en quatre temps: la venue du Règne; la venue du Messie; la venue de Dieu en vue du jugement; la venue des jours décisifs[63]. Dans le langage johannique, sans pour autant perdre de vue cet aspect eschatologique, ἔρχομαι vient à désigner de manière plus spécifique *la venue postpascale* du Ressuscité et donc de « l'heure ». C'est ainsi en 5, 25.28, le motif « de l'heure qui vient » est lié au motif de la résurrection des morts. Le culte en esprit et en vérité se célèbre désormais là où Jésus Christ est présent parce que, selon Jean, le corps du Christ ressuscité est le

---

[62] « Cette fonction est désormais remplie par un autre signe, qui est le corps de Jésus. L'évangile de saint Jean place dans le contexte de la purification au temple la parole mystérieuse sur le sanctuaire détruit et rebâtit en trois jours (Jn 2, 19). Mais il ajoute: ''Il parlait du sanctuaire de son corps'', et ses disciples, après sa résurrection, le comprirent'' (2, 21s). Voici donc le temple nouveau et définitif, qui n'est pas fait de main d'homme, celui où le Verbe de Dieu établit sa demeure parmi les hommes (1, 14) comme autrefois dans le tabernacle d'Israël. Cependant, pour que le temple de pierre soit déchu, il faut que Jésus lui-même meure et ressuscite : le Temple de son corps sera détruit et rebâtit, c'est la volonté de son Père (10, 17s; 17, 4s). Après sa résurrection, ce corps, signe de sa présence divine d'ici-bas, connaîtra un nouvel état transfiguré qui lui permettra de se rendre présent à tous les lieux et tous les siècles dans la célébration eucharistique »: F. AMIOT, « Temple », in X. LEON-DUFOUR (sous la dir.), *Vocabulaire de Théologie Biblique*, Les Editions du Cerf, Paris 2009, 1270-1271.

[63] J. ZUMSTEIN, *L'évangile selon saint Jean (1-12)*, 153.

véritable « temple » (Jn 2, 19-22)[64].

L'heure dans cette expression n'est pas précisément l'*Heure*, mais elle renvoie à la situation eschatologique qui résultera de celle-ci, et qui sera marquée par la révélation plénière de Dieu comme Père et l'adoration véritable qui y répondra.[65] Voilà qui touche un point névralgique de l'identité d'Israël. En effet, les rabbins considéraient la Torah comme une « haie », c'est-à-dire une sorte de barrière et de défense qui empêchait à Israël de se confondre avec les autres nations païennes. Ainsi donc, la réponse de Jésus est à considérer dans le sens d'une opposition contre la rigidité de la Torah telle qu'elle était interprétée en son temps par les autorités de son peuple. En somme, il veut ôter les barrières artificielles qui étaient érigées comme des garde-fous[66].

L'expression johannique du vocable ὥρα (v.21; cf. 5, 25-28; 16, 2.25.32) revêt un caractère religieux eschatologique qu'exprime l'utilisation du νῦν ἐστιν au v.23. Et comme l'affirme du reste Rudolf SCHNACKENBURG, cette « heure » commence déjà avec la personne de Jésus lui-même. C'est pour cela qu'on ne peut pas définir ὥρα comme une « heure » postpascale parce qu'elle est bien présente avant la venue eschatologique du Christ. C'est d'ailleurs sous cet angle qu'il parle d'un *nouveau type d'adoration de Dieu*[67].

Aux vv.20-21, le verbe « adorer » est utilisé à l'aoriste (v.20: προσεκύνησαν), au présent (v.20: προσκυνεῖν) et au futur (v.21: προσκυνήσετε). Pour la Samaritaine, le présent est perçu en lien avec la tradition des pères; tandis que pour Jésus, le présent renvoie à la perspective future de « l'heure qui vient ». De ce fait, ce n'est plus la question du « lieu » de l'adoration qui est primordiale mais bien plus ce qui en constitue l'objet, c'est-à-dire le « Père » (cf. vv.21 et 23). A la question de savoir lequel des deux lieux (Jérusalem et le mont Garizim) est authentique, Jésus répond net: le culte ne dépend pas d'un lieu géographique déterminé! Il rejoint ainsi l'annonce messianique des

---

[64] J.-L. SKA, *Le livre scellé et le livre ouvert. Comment lire la Bible aujourd'hui ?*, Editions Bayard, Paris 2011, 437.

[65] H. VAN DEN BUSSCHE, *Jean. Commentaire de l'évangile spirituel,* p.192. Dans le langage johannique, ὥρα sans article (« une heure ») fait référence au temps eschatologique du salut et doit être distingué de ἡ ὥρα mou (« mon heure »), respectivement de ἡ ὥρα (« l'heure ») qui évoquent l'heure de la croix-élévation (cf. 2, 4; 7, 30; 8, 20; 12, 23.27; 13, 1).

[66] J.-L. SKA, *Le livre scellé et le livre ouvert*, 437-438.

[67] R. SCHNACKENBURG, *Il vangelo di Giovanni. Parte prima: Testo greco e traduzione. Introduzione e commento ai capp. 1-4,* Paideia Editrice, Brescia 1973, 646.

prophètes: « Depuis l'Orient jusqu'à l'Occident, mon nom est grand parmi les nations; en tout lieu, on présente un sacrifice d'encens en mon nom et une offrande pure » (Ml 1, 11); « la connaissance du Seigneur remplira la terre, comme les eaux couvrent la mer » (Is 11, 9). Jésus s'étant déjà présenté comme le véritable Temple (2, 19-21), point n'est besoin maintenant de se tourner vers un lieu, mais vers une personne[68].

Le fameux v.22b - « le salut vient des Juifs » (ἡ σωτηρία ἐκ τῶν Ἰουδαίων ἐστίν) est souvent considéré comme un verset « sensible »: il est en tension avec d'autres assertions du quatrième évangile (1, 11; 8, 17; 10, 34; 13, 33). Dans un commentaire datant de 1900, J. KREYENBUHL parlait déjà « *de la plus insipide et de la plus impossible des gloses qui non seulement entre dans le texte, mais le tourne en son* contraire »[69]. En 1936, WEIDEMANN, un évêque luthérien allemand de Brême, ne retient pas le v.22 de l'édition qu'il donne du quatrième évangile. Et en 1939, le Ministère des Cultes obtient de l'Eglise de Baden la suppression dudit verset des lectures bibliques. On perçoit aisément là le phénomène de l'antisémitisme au début du siècle et à l'époque du nazisme.

Toujours est-il que le v.22b est un verset-clé de tout l'épisode comme le suggère Xavier LEON-DUFOUR[70]. Jésus, le Sauveur, est issu du peuple juif, mais il importe de ne pas restreindre la portée de son affirmation à cet fait. Par cette origine, le mystère de la vocation d'Israël est condensé en sa personne. Ceci revient à dire que les Juifs ont ce privilège d'être *les authentiques dépositaires* de la révélation par laquelle Dieu communique son dessein de salut au monde. Ils ont une prérogative dans l'histoire du salut. Le culte des Samaritains (ὑμεῖς) était motivé par l'orgueil national et politique du fait qu'ils n'avaient pas une vraie connaissance de Dieu. Contrairement aux Juifs (ἡμεῖς) qui étaient les « vrais adorateurs » de Yahvé[71]: « Du dessein salvifique de Dieu, le peuple juif demeure à jamais le premier porteur, et ses Ecritures, surtout par leur dimension

[68] B. ESCRAFFE, « Evangile de Jésus Christ selon saint Jean. 1- Le livre des signes » (Jn 1-12), in *Cahiers Evangile* 145 (2008), 29-30.
[69] Cité par A. MARCHADOUR, *Les personnages dans l'évangile de Jean. Miroir pour une christologie narrative*, Les Editions du Cerf, Paris 2011, 89.
[70] X.-LEON-DUFOUR, *Lecture de l'évangile selon saint Jean*, Tome I, Editions du Seuil, Paris 1988, 371.
[71] Cf. R. SCHNACKENBURG, *Il vangelo di Giovanni*, 246.

apocalyptique, ouvrent à un avenir que les chrétiens attendent avec eux »[72].

Aux vv.21 et 23, Jésus fait une double mention de « l'heure qui vient », encadrant un rappel historique sur les rapports Juifs / Samaritains :

- « L'heure où ce n'est ni sur cette montagne ni à Jérusalem que vous adorerez le Père »(v.21);
- « L'heure vient, elle est là, où les vrais adorateurs adoreront le Père en esprit et en vérité » (v.23).

Adorer le Père en « Esprit et en vérité », c'est avoir accès à Dieu grâce aux dons de l'Eprit et de la révélation. De ce fait, ce qui advient grâce à l'Esprit, c'est la réalité divine manifestée dans la personne Jésus. C'est pourquoi la cause (γὰρ) et la possibilité de cette véritable adoration sont à chercher dans l'initiative de Dieu lui-même. Et cette adoration en « Esprit et en vérité » trouve son accomplissement qu'en Jésus, le révélateur et source de vie (cf. 4, 26; 6, 63s). La vraie adoration en « Esprit et vérité » ne se réalise que dans la communion en Jésus le Christ, dans le *temple de son corps* (2, 21). Dans cette perspective, le ἐν πνεύματι johannique est en rapport avec le ἐν Χριστῷ paulinien. Dans les deux cas, la véritable adoration devient possible seulement à travers Jésus, le Révélateur et donneur d'eau vive[73].

La fameuse affirmation du v.24a πνεῦμα ὁ θεός n'est pas une affirmation ontologique sur la nature de Dieu. Ceci équivaut à dire que ce n'est pas l'essence de Dieu qui est ainsi définie, mais plutôt son mode de révélation. Le véritable culte en «Esprit et vérité» est celui que chaque croyant rend au Père; il est œuvre de l'Esprit: c'est l'adoration véritable que l'Esprit Saint qui est vérité, c'est-à-dire suscite dans le cœur de l'homme. La naissance du « culte spirituel » intériorisé trouve son soubassement dans la révélation du mystère de Dieu: πνεῦμα ὁ θεός (v.24a). Il s'agit véritablement d'un *culte pur, sans date, sans patrie*, selon l'expression de Ernest RENAN[74].

Au v.25, la réponse de la femme jaillit comme un cri d'espérance provenant des sources de sa

---

[72] X. LEON-DUFOUR, *Lecture de l'évangile selon saint Jean,* 370-371.
[73] R. SCHNACKENBURG, *Il vangelo di Giovanni*, 650.
[74] E. RENAN, *Vie de Jésus,* 263-264, cité par A. MARCHADOUR, *Les personnages dans l'évangile de Jean*, 86.

tradition religieuse: « La femme lui dit: ''Je sais qu'un Messie doit venir – celui qu'on appelle Christ. Lorsqu'il viendra, il nous annoncera toutes choses'' ». Cette réponse de la femme Samaritaine se limite à l'attente traditionnelle du Messie (cf. 11, 23-26). En effet, sa conception de *l'heure messianique* relève purement et simplement de l'ordre du futur et se dit en terme d'attente.

Le titre de Μεσσίας (v.25) est utilisé sans article comme nous l'avons déjà vu au v. 19. Après avoir désigné Jésus comme Ἰουδαῖος (v. 9), Κύριε (vv. 11. 15- 19a), προφήτης (v. 19b), à présent elle avance l'hypothèse d'un Jésus Μεσσίας - χριστός (v. 25). Selon des sources samaritaines, la conception du Μεσσίας se traduisait par le vocable *Ta'eb*, c'est-à-dire « celui qui revient ». Le *Ta'eb* est défini comme le Prophète qui doit venir à la fin, après l'avènement du premier prophète Moïse (Dt 18, 18). La mission du *Ta'eb* est également mentionnée en Dt 18, 8. En définitive, la teneur de ses deux références vétérotestamentaires où il est fait mention de l'attente du salut par les Samaritains provient du fait qu'une telle *espérance messianique* a été stipulée dans le Pentateuque, plus précisément dans le neuvième commandement du décalogue[75].

A l'époque néotestamentaire, la figure du *Ta'eb* aurait été combinée avec celle du prophète comme Moïse (cf. Dt 18, 15.18; 1M 4,44-46; Flavius Josèphe, *Ant.* XIII, 85-87. Toutefois, dans les documents samaritains, le titre *Ta'eb* n'est attesté que depuis le IVème après J.C. De ce fait, le titre Μεσσίας du v.25 ne saurait être une traduction du *Ta'eb* samaritain. Par ailleurs, la figure du prophète eschatologique n'est pas une conception spécifiquement samaritaine, mais elle apparaît dans différents courants du judaïsme. Dès lors, l'attente messianique mentionnée au v.25 ne saurait équivaloir à la conception que les Samaritains se faisaient sur la figure du Messie et qu'ils traduisaient tout simplement par le titre de *Ta'eb* (« celui qui revient »).

Au v.26, le « Juif » Jésus dévoile sa véritable personne, faisant suite à la réponse de la femme Samaritaine sur la venue du Messie (Μεσσίας). Il décline sa propre identité par une « autorévélation ». Jésus se révèle alors comme il ne le fera plus jamais ailleurs dans le quatrième évangile: λέγει αὐτῇ ὁ Ἰησοῦς· Ἐγώ εἰμι, ὁ λαλῶν σοι (excepté 9,36). Le v.26 peut être mis en parallèle avec le

[75] Cf. R. SCHNACKENBURG, *Il vangelo di Giovanni*, 653-654.

v.10. Considération faite de ces deux versets (v.10 // v.26), l'on constate - comme du reste dans les autres entretiens rapportés par le quatrième évangile - que c'est Jésus lui-même qui prend toujours l'initiative pour dévoiler son identité. C'est ainsi que progressivement, la femme Samaritaine a fait l'expérience de *la révélation* christologique: de l'homme Jésus tenaillé par la fatigue et la soif (vv.6.7b.); du Jésus Juif (v.9); du Jésus thaumaturge (v.12) et prophète (v.19), elle en est arrivé au seuil de *l'espérance messianique* (v.26).

L'expression ἐγώ εἰμι (v. 26) n'est pas une simple formule d'identification de Jésus, mais elle renvoie plutôt au nom de Yahvé faite à Moïse en Ex 3, 14 (LXX): ἐγώ εἰμι ὁ ὤν (cf. Es 43, 10-11). Un telle expression était devenue très importante pour les prophètes (cf. Is 43, 10; 45, 18). Elle a toujours été utilisée en rapport avec la présence de Dieu qui se révèle lui-même au peuple d'Israël.

Par ailleurs, il est à noter aussi que: mis à part leur rapport parallélisme, les v. 10 et v.26 forment une *inclusion*: v.10: τίς ἐστιν ὁ λέγων σοι ↔ v.26: ἐγώ εἰμι, ὁ λαλῶν σοι.

1.2.2.5. Jn 4, 27-30: Arrivée des disciples et départ de la femme

Les vv.27-30 servent de transition entre : d'une part le dialogue avec la Samaritaine (vv-7-26) et d'autre part le double entretien avec les disciples (vv.31-38) et les gens de la ville (vv.39-42). A l'instar de la femme Samaritaine (cf. v.9), les disciples sont, eux aussi, pris d'étonnement voire scandalisés par le comportement de Jésus qui viole les conventions socioculturelles et religieuses. Chez l'auteur du quatrième évangile, le verbe θαυμάζειν a un sens négatif. La tradition johannique a conservé ici le souvenir du comportement non conventionnel de Jésus vis-à-vis des femmes (cf. 7, 53-8, 11). L'imparfait ἐλάλει au v. 27 suggère qu'il ne s'agit pas d'un simple échange fortuit, mais bien plus d'un véritable entretien entre Jésus et la femme Samaritaine.

On a souligné en particulier la triple audace de Jésus qui transgresse les usages courants de l'époque pour oser adresser la parole en un lieu public, en tête à tête, à une femme, à une Samaritaine et à une pécheresse notoire. Elle-même, elle s'en étonne et souligne le fait avec une certaine ironie. Les disciples s'en étonneront aussi à leur retour de la ville. Mais ils en ont vu et en verront bien d'autres, et devant le silence de Jésus, ils pressentent malgré leur lourdeur habituelle qu'il vient d'arriver quelque chose d'extraordinaire[76].

Il y a là un certain parallélisme entre cette femme et les disciples. D'ailleurs ils se succèdent auprès de Jésus; l'arrivée de l'une (la femme) coïncidant avec le départ des autres (les disciples) et vice versa. On assiste ainsi à un chassé-croisé entre la femme et les disciples : ils sont partis en ville (v. 8) quand vient la femme vers Jésus (v. 9) ; elle part à la ville (v. 28) dès lors qu'ils viennent (v. 27).

Au v. 28, la femme Samaritaine abandonne sa cruche et s'en va en ville. Ce geste d'abandon de la cruche pour ainsi retourner en ville rappelle un des éléments du schéma de la « scène typique »[77] commun aux trois épisodes vétérotestamentaires mentionnés plus haut: la future épouse court vers ses parents pour leur annoncer sa rencontre avec un homme auprès du puits. (Gn 24, 28; 29, 12b; cf. Ex 2, 12). Si l'on considère l'abandon de la cruche comme une métaphore des *soifs apaisées*, le geste de la femme est significatif car elle part transformée: elle représente la figure inoubliable d'une femme transformée, l'espace d'une seule rencontre, par *le maître du désir*[78].

L'abandon de la cruche suscite une double interprétation revêtant *un double sens* :

- ✓ *Sens immédiat ou littéraire:* soit elle se hâte à retourner chez les siens pour leur faire part de sa « rencontre extraordinaire » soit elle a l'intention de revenir après auprès de Jésus;
- ✓ *Sens symbolique:* c'est la métaphore de ses soifs apaisées. Ayant opéré une rupture d'avec son passé qui a été mis à nu par Jésus (vv.16-18), elle s'est laissée métamorphosée par la *révélation christologique* du Messie (v.26).

D'ailleurs, c'est dans cette même lancée que Héracléon interprète l'abandon de la cruche sous

---

[76] G. BLAQUIERE, *La grâce d'être femme,* Editions Saint-Paul, Paris 1981, 85.

[77] L'expression a été créée par les spécialistes d'Homère et reprise par les exégètes. Cf. W. AREND, *Die typischen Szenen bei Homer,* Berlin 1993; J.-L. SKA, *« Our Fathers Told Us ». Introduction to the Analysis of Hebrew Narratives,* Pontificio Istituto Biblico, Roma, 1990.

[78] A. MARCHADOUR, *Les personnages dans l'évangile de Jean,* 89. Selon la psychanalyste F. DOLTO, « Jésus en parlant éveille cette femme à une communication, à un échange désaltérant qui ne sont pas fondés uniquement sur le besoin du corps, comme la soif mais sur le désir qui s'aventure au-delà du corps .... A cette femme qui est venue si souvent étancher sa soif à ce puits, Jésus fait une demande. Il lui parle en effet de son besoin. Mais parce qu'il est chaste, Jésus peut l'attirer plus loin que son propre corps, plus loin que le bouillonnement de son corps. Il est source, origine d'une eau bondissante pour une vie sans fin .... Par sa parole, Jésus lui fait découvrir la joie au-delà de la jouissance, sa valeur au-delà de la beauté, sa dignité au-delà de la séduction »: F. DOLTO, *L'Evangile au risque de la psychanalyse,* Jean-Pierre Delagne , 1977, 49-50.

l'angle d'un *sens anthropologique*[79]. Selon lui, la cruche n'est pas un simple un banal ustensile en ce sens que c'est elle qui prédisposait la femme Samaritaine à comprendre le Sauveur. De ce fait, cette dernière n'abandonne pas la cruche comme si elle devait inutile ; mais elle la dépose avec soin auprès de Jésus. Héracléon en change même le nom : il est désormais de *vase*, étant entendu que chez les gnostiques valentiniens le terme venait à désigner un *initié*[80]. La Samaritaine est ainsi considérée comme une vraie *pneumatique*, en femme éclairée devenue consciente de son état[81].

Partant de ce *double sens*, Origène, lui aussi, fait une double lecture de ce geste de la femme Samaritaine (selon *la lettre* et selon *le sens figuré*). Dans son approche selon *la lettre*, il fait mention du zèle de la femme Samaritaine qui, ayant abandonné sa cruche auprès du puits de Jacob, va auprès de ses concitoyens pour se faire porteuse du Christ. Quant à l'approche sous l'angle du *sens figuré*, elle met en exergue l'attitude de la Samaritaine qui consiste en une nouvelle adhésion à l'enseignement reçu auprès de Jésus. La cruche abandonnée auprès de Jésus est à considérer comme le récipient contenant l'enseignement qu'elle auquel elle adhérait auparavant : elle la dépose avec mépris puisqu'elle a maintenant obtenu une *eau* qui s'est déjà transformée en elle comme principe d'une *eau rebondissant jusque dans la vie du siècle à venir*[82].

En définitive, nous optons pour le *sens* symbolique: il est plus pertinent et donc plus plausible car il s'inscrit en droite ligne dans la perspective symbolique de l'auteur du 4ème évangile.

Le v. 29a est une invitation formulée par la femme Samaritaine à l'endroit de ses coreligionnaires: Δεῦτε ἴδετε ἄνθρωπον ὃς εἶπέ μοι πάντα ὅσα ἐποίησα (v. 29a). Cette invite est typiquement johannique (cf. 1, 39.46). Au v. 29b, la femme Samaritaine se questionne sur la révélation christologique, contrairement à d'autres figures du récit johannique (3, 9: Nicodème; 6, 25-34: la foule; 9, 24-34: les Pharisiens).

---

[79] Auteur gnostique. L'activité d'Héracléon se situe dans les années 170. De son œuvre, il ne reste que les fragments cités par Origène dans son commentaire sur l'évangile selon Saint Jean.

[80] Voici, par exemple, le témoignage de l'un d'entre eux: « Je suis un vase précieux …; moi, je me connais, je sais d'où je suis »: Irénée de Lyon, *Contre les Hérésies*, I, 21, 5.

[81] HERACLEON, *Fragment 27.*

[82] ORIGENE, *Commentaire sur Saint Jean*, XIII, 175.

Au v. 30, l'emploi de l'aoriste ἐξῆλθον indique un départ décisif du lieu d'origine, tandis que l'imparfait ἤρχοντο décrit le cheminement de la foule, de la ville vers le puits où se trouve Jésus et fournit l'arrière-plan de la conversation de Jésus avec ses disciples.

1.2.2.6. Jn 4, 31-38: L'entretien de Jésus avec ses disciples

L'entretien de Jésus avec ses disciples est construit sur le modèle de celui avec la femme Samaritaine avec le diptyque: *malentendu johannique* (vv.31-34; cf. vv.10-15) et *enseignement* (vv.35-38; cf. vv.21-24)[83]. Le malentendu sur la nourriture (vv.31-33) rappelle le malentendu sur l'eau (vv.7-11).

Un fait non moins important: contrairement à la femme Samaritaine, les disciples évitent d'engager le dialogue avec Jésus (cf. vv.9-10) mais ils s'interrogent entre eux: Μή τις ἤνεγκεν αὐτῷ φαγεῖν; (v.33). L'auteur a utilisé ici l'ironie, l'un des procédés littéraires qui lui sont chers: elle consiste à souligner le fait que les disciples parlent entre eux-mêmes et non à Jésus; ils font montre d'un repli sur soi, évitant au mieux que Jésus vienne à les questionner[84].

L'entretien de Jésus avec ses disciples encore dubitatifs lui permet de dissiper toute équivoque. Et voilà qui en dit long sur sa *perspective missionnaire* : « Ma nourriture, c'est de faire la volonté de celui qui m'a envoyé et d'accomplir son œuvre » (v.34). L'accomplissement de la double mission de Jésus qui lui a été confiée par le Père - qui, du reste, consiste à *faire la volonté de Dieu* (ποιήσω τὸ θέλημα τοῦ πέμψαντός με) (cf.5, 30; 6, 38.39; 7, 17; 9, 31) et à *accomplir son œuvre* (τελειώσω αὐτοῦ τὸ ἔργον) (cf. 5, 36; 6, 29.37-38; 17, 4) - revêt *christologique de portée johannique* qui met en exergue le dessein sotériologique. L'*œuvre de Dieu* est clairement explicitée en 6, 29: « L'œuvre de Dieu c'est de croire en celui qu'Il a envoyé » et en 17, 3-4: « Or la vie éternelle, c'est qu'ils te connaissent, toi, le seul vrai Dieu, et celui que tu as envoyé, Jésus Christ. Je t'ai glorifié sur la terre, j'ai achevé l'œuvre que tu m'as donnée de faire ».

---

[83] Les vv.31-34 doivent être lus en contraste avec les vv.7-15. Dans les deux cas, c'est grâce à un malentendu qu'est mis en exergue ce dont l'un des protagonistes a besoin pour vivre. Alors que dans les vv.7-15 la métaphore de *l'eau* permet de suggérer un besoin ontologique de l'être humain, dans les vv.31-34 le besoin de la *nourriture* dévoile ce dont Jésus a besoin.

[84] E. CUVILLIER, « La figure des disciples en Jean 4 », in *New Testament Studies* 42 (1996), 254.

1.2.2.7. Jn 4, 39-42: L'entretien de Jésus avec les gens de la ville

Le bref épisode des vv. 39-42 est le couronnement du séjour de Jésus en Samarie: les Samaritains ont reconnu en Jésus le « Sauveur du monde »: « Nous l'avons entendu nous-mêmes et nous savons qu'il est vraiment le Sauveur du monde » (v. 42). Au v. 39, la femme Samaritaine a servi d'*intermédiaire* entre Jésus et les Samaritains; et ces derniers ont cru en Jésus à cause de son témoignage: « Il m'a dit tout ce que j'ai fait » (v. 39b). Le v. 39 reprend en partie les paroles du v. 29: « Venez donc voir un homme qui m'a dit tout ce que j'ai fait » (v. 29b) [85].

L'attitude de la femme Samaritaine (v. 39) est quasi similaire à celle de Jean Baptiste vis-à-vis de ses disciples: eux aussi, ont été jadis amenés par ce dernier à suivre Jésus par l'intermédiaire du Baptiste: καὶ ἐμβλέψας τῷ Ἰησοῦ περιπατοῦντι λέγει· Ἴδε ὁ ἀμνὸς τοῦ θεοῦ. καὶ ἤκουσαν οἱ δύο μαθηταὶ αὐτοῦ λαλοῦντος καὶ ἠκολούθησαν τῷ Ἰησοῦ (1, 36-37).

Il est indéniable que les Samaritains ont affirmé leur adhésion personnelle à Jésus, mais cela n'entrave en rien la médiation déterminante de la femme Samaritaine! L'itinéraire emprunté par le « Juif Jésus » arrive à son terme: en cet homme Juif pris par la fatigue du chemin, tenaillé par la soif, assis au bord du puits en quête d'eau pour étancher sa soif. Les Samaritains reconnaissent le Sauveur du monde: τῇ τε γυναικὶ ἔλεγον ὅτι οὐκέτι διὰ τὴν σὴν λαλιὰν πιστεύομεν· αὐτοὶ γὰρ ἀκηκόαμεν, καὶ οἴδαμεν ὅτι οὗτός ἐστιν ἀληθῶς ὁ σωτὴρ τοῦ κόσμου (cf.v.42).

Suite à la requête des Samaritains (v. 40a: « Aussi, lorsqu'ils furent arrivés près de lui, les Samaritains le prièrent de demeurer parmi eux »), Jésus *demeura* (ἔμεινεν) auprès de ces derniers deux jours durant: « Et il y demeura deux jours » (v. 40b). Le verbe μένειν παρά (« demeurer auprès ») fait écho à l'appel des premiers disciples en 1, 39: « Il leur dit: ''Venez et vous verrez.'' Ils allèrent donc, ils virent où il demeurait et ils demeurèrent auprès de lui ce jour-là ». Au sens littéral, il fait état d'une proximité spatiale: en restant deux jours avec les Samaritains, Jésus leur ouvre l'espace permettant de jeter les bases d'une relation approfondie avec lui. Au sens figuré - comme

[85] Commentant le v. 39 concernant le témoignage de la femme Samaritaine, Saint Augustin affirme à juste titre: « Primo per famam, postea per praesentiam » in *In Johannis Evangelium* 15, 33; CCSL 36, 164.

du reste dans le discours sur la vigne (Jn 15) - le verbe μένειν παρά évoque la relation de foi dans la durée.

L'expression δύο ἡμέρας du v. 40 b peut être mise en parallèle avec la durée du séjour du « vrai missionnaire » dont il est fait mention dans la *Didaché*; le véritable envoyé se reconnaît en ce qu'il n'exploite pas ceux qui lui offrent l'hospitalité et donc limite son séjour en deux jours au maximum: « Que tout apôtre qui vient chez vous soit reçu comme le Seigneur. Mais il ne restera qu'un seul jour et, si besoin, le jour suivant »[86].

Au v. 41, il n'est pas dit que tous les habitants de la ville ont cru en Jésus mais plutôt « beaucoup plus » (πολλῷ πλείους): καὶ πολλῷ πλείους ἐπίστευσαν διὰ τὸν λόγον αὐτοῦ. Au v. 39, il est dit que « beaucoup » (πολλοὶ) de Samaritains avaient cru en lui. Ces deux expressions quantitatives indiquent simplement le nombre des croyants qui est allé *crescendo*, et non la totalité.

Au v. 42, la scène se termine par le rassemblement de tous les personnages dans un même lieu, autour de tous les personnages et par le *Credo* des Samaritains. Le témoignage de la femme a permis à ces derniers d'avoir une rencontre avec Jésus et de croire en lui, de la même manière que le témoignage de Jean avait permis aux disciples du Baptiste de suivre Jésus. Cependant, quand les Samaritains écoutent la parole de Jésus, ils découvrent qu'il est beaucoup plus grand que le propos de la Samaritaine. Jésus n'est pas seulement le Μεσσίας d'un peuple, mais le ὁ σωτὴρ τοῦ κόσμου. Nous arrivons au sommet du récit: les Samaritains ont découvert qui est Jésus et ils le proclament[87]. Il y a ici une sorte de « permutation » de rôle: les Samaritains qui sont parvenus à la foi de par le témoignage de la femme Samaritaine (vv.29.41) sont devenus, à leur tour, des *porteurs de la Bonne Nouvelle* (v.42).

Le recadrage de l'acte de croire opéré au v. 42 par rapport au v. 39 frappe à vue d'œil! Les Samaritains qui sont parvenus à la foi un effectué un saut qualitatif: ils croient sur la base d'une écoute personnelle (πιστεύομεν) (v. 42a) qui aboutit sur un savoir (οἴδαμεν ὅτι) (v. 42c). Un savoir

[85] *La Didaché* 11, 4-5.
[87] B. ESCAFFRE, « Evangile de Jésus Christ selon saint Jean, 1- Le livre des signes (Jn1-12) », in *Cahiers Evangile* 145 (2008), 30.

exprimé dans une confession de foi exceptionnelle: Jésus n'est plus identifié seulement au messie d'un groupe bien défini (vv. 25.29) mais il est plutôt déclaré ὁ σωτὴρ τοῦ κόσμου. Le parfait ἀκηκόαμεν du v. 42 b traduit une écoute décisive advenue dans le passé et déterminant le présent. La dernière apparition de Jean-Baptiste dans le quatrième évangile est décrite avec le même verbe: il se définit comme étant comme l'ami de l'époux qui « est présent et écoute »: ὁ δὲ φίλος τοῦ νυμφίου ὁ ἑστηκὼς καὶ ἀκούων αὐτοῦ, χαρᾷ χαίρει διὰ τὴν φωνὴν τοῦ νυμφίου (3, 29).

Mis à part Jn 4, 42 c, l'expression ὁ σωτὴρ τοῦ κόσμου ne se retrouve qu'en 1Jn 4, 14. M. DIBELIUS considère le v. 42 c comme le *Chorschluss* (« chœur final ») de la Péricope de Jn 4, 1-42[88]. Cette confession de foi des Samaritains reprend sous une forme nominale l'affirmation de 3, 17: « Car Dieu n'a pas envoyé son Fils dans le monde pour juger le monde, mais pour que le monde soit sauvé par lui »[89].

Il est à noter *un fossé* existant entre: d'une part la disponibilité des Samaritains à adhérer à la foi (v.42) et d'autre part l'incrédulité des Juifs de Jérusalem (cf.2, 18.20; 4, 1-3) et des Galiléens (4, 44; cf.6, 30.41-52). Contrairement à l'adhésion de foi superficielle des Juifs uniquement fondée sur la vue des signes (2, 23-35); à celle de Nicodème incapable d'une totale adhésion, la femme Samaritaine a fait preuve d'adhésion progressive au mystère de Jésus, et à travers elle d'une communauté: Juif (v.9), Seigneur (v.11), plus grand que notre père Jacob (v.12), Prophète (v.19), Christ (v.26.29), sauveur du monde (v.42)[90].

[88] M. DIBELIUS, *Die Formgeschichte des Evangeliums,* Tübingen 1961[4], 54-55.
[89] K. H. SCHELKLE, « σωτὴρ », in EWNT II, 783-784, cité par J. ZUMSTEIN, *L'évangile de Jean,* 163.
[90] A. MARCHADOUR, *Les personnages dans l'évangile de Jean*, 88-89.

CONCLUSION

L'étude exégétique de la péricope de Jn 4, 1-42 nous a permis de voir que cette scène de la rencontre entre Jésus et la Samaritaine auprès du puits de Jacob même s'il est un passage célèbre, ne révèle pas facilement ses secrets . Ceci revient à dire que l'acte interprétatif pourrait être assez souvent partiel, plus ou moins fidèle à telle ou telle partie d'un texte, plus ou moins alerté par telle disponibilité du texte[91].

En effet, cet épisode est constitué principalement de deux dialogues, avec comme procédé littéraire le *quiproquo johannique*: d'une part, Jésus entre en dialogue avec la femme samaritaine, en l'absence des disciples (vv. 7-26); d'autre part, il s'entretient avec ses disciples, en l'absence de la femme (vv. 31-38). De *l'adhésion progressive* de la femme Samaritaine, on en est arrivé à *l'adhésion personnelle* des Samaritains. Et voilà qui nous porte à la pointe du récit, c'est-à-dire au cœur de *la révélation christologique du Messie* qui motive *l'adhésion personnelle* des Samaritains à la foi au *Sauveur du monde.*

Par ailleurs, l'on peut dire que la découverte de *l'identité véritable* de Jésus de Nazareth à travers sa *révélation christologique*, s'est effectuée de manière progressive[92]:

- *Dans une première phase* (dans le cadre du discours de « l'eau vive »): Jésus se révèle de manière *indirecte* (4, 7-15);
- *Dans une seconde phase* (à l'intérieur de l'enquête sur « les cinq maris »): ayant mis la femme en face de sa vie conjugale assez mouvementée, Jésus l'invite à re-considérer le caractère inaccompli de son existence et de sa soif de vie insatisfaite (4, 16-19);
- *Dans une troisième phase* (autour de « la véritable adoration »): Jésus se révèle à la femme de manière *directe*; la présence de Dieu dans le monde n'est plus liée à un lieu d'élection ni à un temple, mais plutôt à une personne (4, 20-26).

---

[91] J.-M. POFFET, « Jésus et la Samaritaine (Jean 4, 1-42) », in *Cahiers Evangiles* Supplément 93 (1995), 5.
[92] J. ZUMSTEIN, *L'évangile selon saint Jean (1-12),*164.

En définitive, *la révélation christologique* de Jésus en Samarie a produit un double effet: d'une part, le témoignage de la femme Samaritaine appelant des coreligionnaires à la découverte de l'homme Jésus; d'autre part, l'itinéraire de foi des Samaritains qui aboutit à une relation directe et plénière avec Jésus. Leur confession de fois (« celui-ci est véritablement le sauveur du monde ») confère au séjour de Jésus en Samarie son ultime dimension: sa révélation – qui n'est plus liée à des lieux particuliers – est universelle[93].

[93] *Ibidem*, 164.

Chapitre II

ETUDE HISTORIQUE: DONNEES ETHNICO - RELIGIEUSES ET SOCIO – POLITIQUES

INTRODUCTION

Notre deuxième chapitre porte sur l'aspect historique en général, et de manière plus spécifique sur des données ethnico-religieuses et socio-politiques. Une telle étude se trouve être une condition sine qua non qui nous fournirait un soubassement ethnico-religieux et socio-politique adéquat pour une l'étude du quatrième évangile en général et de Jn 4 de manière plus spécifique .

En effet, ladite étude demeure incontournable pour percevoir au mieux le *Sitz im Leben* sur lequel a eu lieu l'épisode de la rencontre de Jésus avec la femme Samaritaine. Voilà qui motive une telle investigation, considération faite des réalités *ethnico-religieux* et *socio-politiques* du peuple Samaritain, en rapport avec le peuple Juif. Pour ce faire, une telle perspective partira des deux principales considérations ci-après:

- ✓ Le cadre du récit: cadre géographique (la Samarie) ; cadre topographique (le puits et ses traditions bibliques);
- ✓ Les relations sociales (les rapports conflictuels entre Juifs et Samaritains, l'identité de la femme, les arrangements de mariages et coutumes de noces).

2.1. Le cadre du recit

Le cadre spatiotemporel[94] de la rencontre de Jésus et de la femme Samaritaine est bien défini au début du récit: la Samarie (vv.4-6). Les vv.1-3 décrivent d'abord le séjour de Jésus en Judée puis

[94] « Le cadre est l'arrière-fond sur lequel l'action narrative va se dérouler. Il peut s'agir de l'environnement physique, socioculturel, temporel ou religieux. Un cadre peut être *géographique* (Jérusalem, Jéricho, la Judée, la Samarie, la Galilée), *topographique* (montagne, mer, désert, rivière), *religieux* (sabbat, fête), ou *architecturale* (maison, piscine, synagogue, temple, tombeau). Il peut être *social* ou *culturel* (Juifs, Gentils, Samaritains, pur, impur), *politique* (Rome, pharaon, royaume de Dieu), *temporel* (nuit, jours, quarante jours, mille ans), ou *spatial* (ciel, terre, abîme) .... Le cadre participe de l'ambiance du récit, il peut aussi camper un personnage, ou bien contribuer au développement de l'intrigue. Les valeurs religieuses, morales, sociales, émotionnelles et spirituelles peuvent être mises en lumière par le cadre .... Même si le cadre n'est pas toujours significatif, il est rare qu'il ne serve qu'à donner des détails secondaires. Il peut influencer le paysage mental, émotionnel ou spirituel d'un personnage; il peut symboliser les options à prendre; il structure l'histoire et il peut intervenir dans le conflit central d'un récit »: J. L. Resseguie, *L'exégèse narrative du Nouveau Testament. Une introduction*, Editions Lessius, Bruxelles 2009, 103-104.

son départ pour la Galilée. Et c'est durant son voyage qu'il passe par la Samarie. Cette nouvelle unité de lieu constitue le *cadre géographique* du récit qui englobe également un *cadre topographique* (le puits).

2.1.1. Le cadre géographique: la Samarie

La ville de Samarie[95] a été fondée au IX ème av. J.- C. Sa fondation est attribuée à Omri (886 - 875) (cf. 1R 16, 24). Elle était la capitale du royaume d'Israël. Le terme « Samarie » venait à désigner aussi bien la capitale que le royaume d'Israël. Par la suite, le terme venait à désigner la ville elle-même ou bien une zone géographique qui correspondait aux limites d'une province assyrienne et babylonienne (cf. 1R 13, 32; 17, 24.26; 18, 34 (LXX); 23, 19; Jr 31, 5; Ab 19; Ne 3, 34; Jdt 1, 9; 4; 1M 3, 10; 10, 38; 2M 15, 1)[96].

L'appellation « Samaritains » apparaît pour la première fois en 2R 17, 29a: « En fait, chaque nation se fit son dieu et le plaça dans les maisons des hauts lieux, que les *Samaritains* avaient construites». Selon son étymologie, l'appellation «Samaritains» a une double origine. D'une part, elle serait dérivée de la ville et de la région de la Samarie, elle-même ainsi appelée à cause du vendeur du champ, Samer. Ceci se trouve mentionné en 1R 16, 24 : « Puis il acheta à Shèmèr, pour deux talents d'argent, la montagne et appela le nom de Shèmèr, le maître de la montagne ».

D'autre part, le nom serait dérivé du verbe hébreu שָׁמַר (« garder », « conserver »). En effet, les Samaritains se considéraient comme les gardiens et conservateurs de la Loi. On les désignaient de façon méprisante sous le vocable de « Cutheens », c'est-à-dire des gens originaires de Cutha, une ville voisine de Babylone. Une telle appellation renvoyait à leur origine étrangère (cf. 2R 17, 24.30).

L'on peut dire, d'une manière succincte, que le terme « Samaritains » vient à désigner deux acceptions qu'il faille distinguer: la première désigne les habitants de la ville ou de la province de

[95] J. BRIEND, « Samarie », in H. CAZELLES. - A. ROBERT-FEUILLET (sous la dir.), *Dictionnaire de la Bible. Supplément*, Tome XI, Letouzey & Ané, Paris 1991., 740.
[96] *Ibidem*, 741.

Samarie, la seconde, à coloration ethnico-religieuse, ceux qui se rattachent au culte du Garizim[97].

2.1.1.1. La pratique religieuse des Samaritains

De prime abord, la pratique religieuse des Samaritains est teintée d'une *foi israélite* très vivace[98]. Un vécu de foi qui se résume dans les cinq fondements ci-après[99]:

- Dieu est unique, infini et tout-puissant;
- Moise est le seul prophète;
- Le Pentateuque est le seul livre inspiré;
- Le mont Garizim est le seul lieu choisi par Dieu pour y avoir un sanctuaire[100];
- Les morts ressusciteront pour le jugement dernier: jour de vengeance et de récompense (cf. Dt 22, 35)[101]. Il faut aussi ajouter à cette doctrine les anges, considérés comme *intercesseurs auprès de Dieu.*

Le vécu religieux des Samaritains met en exergue toute l'évolution du prophétisme biblique et du judaïsme post-exilique, considération faite de la Loi de Moïse du Pentateuque[102]. A la suite de la réponse de Jésus concernant sa situation maritale (vv.17-18), la femme Samaritaine reconnaît en «l'homme Jésus», un Juif de surcroît, un *prophète* (προφήτης)[103]: λέγει αὐτῷ ἡ γυνή· Κύριε, θεωρῶ

---

[97] H. COUSIN - J.-P. LEMONON, « Un judaïsme aux sensibilités diverses », in H. COUSIN (sous la dir.), *Le monde où vivait Jésus*, Les Editions du Cerf, Paris 1998, 731-732.

[98] M. BAILLET, « Samaritains », 774 - 775.

[99] *Ibid.*

[100] « Cela résulte de deux variantes du Pentateuque. La première est en Dt XXVII, 4, où l'autel doit être édifié sur le Garizim (texte juif: sur l'Ebal). La seconde est en deux exemplaires dans les passages additionnels. En Ex XX et Dt V, les dix commandements des Juifs n'en forment que neuf, et le Samaritain en ajoute un dixième (Ex XX, 17^b = Dt V, 18^b » : *Ibidem*, 774.

[101] *Ibidem*, 775. Selon cette doctrine, les Samaritains soutenaient et nourrissaient l'espoir que, après une période de bienveillance divine (*rahouta*), suivrait à une ère de disgrâce (*fanouta*) avec la royauté de Saül. Mais avec l'avènement du messianisme, l'espérance était permise car un nouveau Moïse viendrait: c'est lui le *Ta'eb*, c'est-à-dire le *revenant* ou le *restaurateur*. Il aurait une durée de vie de 110 ou 120 ans et instaurera un second royaume qui devrait durer de nombreux siècles.

[102] Cf. A. M. DI NOLA, « Samaritani », in A. M. DI NOLA (sotto la dir. di), *Enciclopedia delle religioni*, vol.5, Vallecchi, Firenze 1973, 786-788.

[103] "προφήτης : *nomen agentis*, attestato fino dal sec. A.C., formato dal tema verbale φη- = *dire, parlare,* col preverbio προ-. Proprio da tale prefisso verbale discende la difficoltà di determinare il significato preciso del sostantivo. Dato che il verbo presupposto (πρόφημι) è attestato occasionalmente soltanto nell'era cristiana e non può quindi essere utilizzato per determinare il significato primitivo di προφήτης, bisogna prendere le mosse da altri verbi di dire col proverbio προ- di antica attestazione": H. KRAMER, "προφήτης κτλ", in G. KITTEL (sotto la dir. di), *Grande lessico del Nuovo Testamento*, vol. XI, Paideia, Brescia 1977, 444.

ὅτι προφήτης εἶ σύ (v.19; cf. v.29). L'équivalent hébraïque du terme grec προφήτης est נביא. Dans l'Ancien Testament, les prophètes étaient considérés comme « porte-paroles » de Dieu: ὃν δεῖ οὐρανὸν μὲν δέξασθαι ἄχρι χρόνων ἀποκαταστάσεως πάντων ὧν *ἐλάλησεν ὁ θεὸς διὰ στόματος τῶν ἁγίων ἀπ' αἰῶνος αὐτοῦ προφητῶν* (Ac 3, 21). Ils étaient ainsi chargés de transmettre, de la part de YHWH, la *parole* (דָּבָר) qui leur a été révélée (Jr 1, 9; cf. Ez 3, 1s). Mais il est à préciser que le rôle des prophètes ne peut être réduit uniquement au seul fait de « transmettre la parole de YHWH »: ils n'étaient pas de simples *instruments passifs*, privés de volonté propre mais plutôt de véritables responsables qui garantissent une transmission adéquate de leur message. C'est la raison pour laquelle leur message va toujours de pair avec une *motivation* (Jr 6, 27)[104].

Mis à part Jn 4, 19 où la femme Samaritaine vient à reconnaître en Jésus un *prophète*, nous avons aussi d'autres mentions dans le N.T. (Mc 5, 11 // Lc 9, 8; Mc 8, 28 // Mt 16, 14 et Lc 9, 19; Mc 6, 4 // Mt 13, 57 ; Lc 4, 24; Jn 4, 44). En effet, Jésus est généralement considéré comme προφήτης soit par le peuple (Mc 6, 15; 8, 27s; Mt 21, 11.46; Lc 7, 16; Jn 6, 14; 7, 40); soit par des individualités: c'est le cas dans cette présente épisode du dialogue avec la femme Samaritaine (Jn 4, 19)[105] et dans l'épisode de l'aveugle-né (Jn 9, 17). C'est le cas également avec l'apôtre Pierre (Ac 3, 22 // Dt 18, 15), le diacre Etienne (Ac 7, 37). Toutefois, Jésus ne se définit jamais comme προφήτης: la formule Οὐκ ἔστιν προφήτης ἄτιμος εἰ μὴ ἐν τῇ πατρίδι καὶ ἐν τῇ οἰκίᾳ αὐτοῦ (« un prophète n'est méprisé que dans sa patrie et dans sa maison ») (Mt 13, 57) revêt une connotation purement proverbiale. Par ailleurs, il existe également des cas où Jésus n'est pas reconnu comme prophète: Simon le pharisien (Lc 7, 39), les pharisiens pour des raisons théologiques (Jn 7, 52).

---

[104] Cf. R. RENDTORFF, "προφήτης κτλ", in G. KITTEL (sotto la dir. di), *Grande lessico del Nuovo Testamento,* 520-521.

[105] "Un profeta ha il dono soprannaturale di conoscere i fatti nascosti. Quando Gesù svela alla samaritana alcuni particolari del passato di lei, agli occhi della donna egli è un profeta (Jn 4, 19). Più diffidente è Simone il fariseo: ''Se costui fosse un profeta, dovrebbe sapere chi e qual donna sia'' (Lc 7, 39). E vero che si rivolge a Gesù con il titolo di διδάσκαλε, sorprendente in bocca a un fariseo, ma difficilmente ha visto in Gesù il profeta escatologico che adduce la promessa ... della salvezza. Egli dubita che Gesù sia un profeta. Nel corso del colloquio poi Gesù gli mostra di conoscere molto bene il passato della donna e di poter scrutare il cuore di lei e dell'interlocutore": G. FRIEDRICH, "προφήτης κτλ", in *Ibidem*, 601-602.

Si l'on vient à considérer la Passion / Mort de Jésus comme une sorte de *martyr d'un prophète*, dès lors ce dernier est mis dans le registre des *prophètes persécutés* l'A.T. Et c'est dans cette logique qu'on en est arrivé à faire le lien entre la mort des prophètes et la crucifixion de Jésus: « Lequel des prophètes vos pères n'ont-ils pas persécuté? Ils ont même tué ceux qui annonçaient d'avance la venue du Juste, celui-là même que maintenant vous avez trahi et assassiné » (Ac 7, 52). Toujours est-il qu'il faut reconnaître que Jésus est de rang bien plus supérieur que les prophètes de l'A.T.: « Lors du jugement, les hommes de Ninive se lèveront avec cette génération et ils la condamneront, car ils se sont convertis à la prédication de Jonas; eh bien! ici il y a plus que Jonas » (Mt 12, 41). En effet, Jésus est non seulement un « prophète » mais encore « celui qui accomplit la prophétie »: « Car je vous le déclare, beaucoup de prophètes , beaucoup de rois ont voulu voir ce que vous voyez et ne l'ont pas vu, entendre ce que vous entendez et ne l'ont pas entendu » (Lc 10, 24; cf. Mt 13, 17).

Dans le N.T., l'annonce prophétique concerne Jésus comme *accomplissement de toutes les promesses divines* (cf. 2 Co 1, 20). C'est d'ailleurs dans cette perspective qu'il prendra pour son compte cette annonce prophétique d'Isaïe mentionnée dans l'évangile lucanien:

> « Il vint à Nazareth, où il avait été élevé. Selon son habitude, il entra dans la synagogue le jour du sabbat, et il se leva pour faire la lecture. On lui remit le livre du prophète Isaïe. Il ouvrit le livre et trouva le passage où il est écrit: ''L'Esprit du Seigneur est sur moi parce que le Seigneur m'a consacré par l'onction. Il m'a envoyé porter la Bonne Nouvelle aux pauvres, annoncer aux captifs leur libération, et aux aveugles qu'ils retrouveront la vue, remettre en liberté les opprimés, annoncer une année favorable accordée par le Seigneur''. Jésus referma le livre, le rendit au servant et s'assit. Tous, dans la synagogue, avaient les yeux fixés sur lui. Alors il se mit à leur dire: « Aujourd'hui s'accomplit ce passage de l'Écriture que vous venez d'entendre » (4, 16-21).

Dans leurs discours respectifs, l'apôtre Pierre et le diacre Etienne ont interprété l'annonce prophétique de Dt 18, 15 en rapport avec Jésus dans le sens de *l'accomplissement* (Ac 3,22; 7, 37).

Les Samaritains sont d'abord une population hybride, composée d'une part par les Israélites descendants des tribus du Nord (surtout d'Ephraïm et de Manassé). D'autre part, nous avons les colons transférés de divers pays dans cette province assyrienne (Esd 4, 4.9-10). Ces étrangers apportent avec eux leurs dieux et leurs coutumes:

> « En fait, chaque nation se fit son dieu et le plaça dans les maisons des hauts lieux, que les Samaritains avaient construites. Chacune des nations agit ainsi dans les villes où elles résidait: les gens de Babylone firent un Soukkot-Benoth; ceux de Kouth, un Nergal; ceux de Hamath, une Ashima; les Awites, un Nibhaz et un Tarnaq; les Sefarwaïtes continuèrent à brûler leurs fils en l'honneur d'Adrammélek et d'Anammélek, dieux de Sewarmaïm » (2R 17, 29-31).

Le second livre des Rois énumère cinq peuplades qui apportèrent leurs idoles: « Le roi d'Assyrie fit venir des gens de Babylone, de Kouth, de Awa, de Hamath et de Sefarwaïm et les établit dans les villes de Samarie à la place des fils d'Israël » (2R 17, 24). C'est la raison pour laquelle les Juifs considéraient la Samarie comme une « terre étrangère ». Ils se mettent également à vénérer « le dieu du pays », grâce à un prêtre déporté et ramené en Samarie:

> Ils dirent au roi d'Assyrie: « Les nations que tu as déportées et établies dans les villes de Samarie ne connaissent pas la façon d'honorer le dieu du pays. Ce dieu a envoyé contre elles des lions, et voilà que ceux-ci les font mourir car elles ne connaissent pas la façon d'honorer le dieu du pays.» Le roi d'Assyrie donna cet ordre: « Faites partir là-bas un des prêtre de Samarie que vous avez déportés, qu'il aille habiter là-bas et qu'il leur enseigne la façon d'honorer le dieu du pays.» L'un des prêtres qu'on avait déportés de Samarie vint donc à Béthel; il leur enseignait comment on devait craindre le SEIGNEUR (2R 17, 26-28).

En effet, après le désastre survenu en 722 av. J.C., les peuples Assyriens installèrent en Samarie des colons étrangers. Ces derniers remplacèrent les Israélites du royaume du Nord, « partis en exil loin de leur terre vers l'Assyrie, jusqu'à ce jours » (2R 17, 23). Ne connaissant pas les pratiques rituelles du pays, ces colons étrangers firent appel à prêtre yahviste. C'est ainsi ce dernier vint s'établir à Béthel pour les instruire. C'est la raison pour laquelle les Samaritains sont ainsi conçus comme les descendants de ces colons étrangers qui, à leurs dieux traditionnels, auraient surajoutés le culte autochtone de YHWH[106]. De ce brassage ethnico-religieux, naîtra une forme de syncrétisme religieux résumé en 2R 17, 41: « Ainsi donc, ces nations craignaient le SEIGNEUR tout en continuant à servir leurs idoles. Tout comme leurs pères ont agi, leurs fils et les fils de leurs fils agissent de même aujourd'hui encore ».

Par ailleurs, cette conception biblique sur l'origine des Samaritains ne fait pas l'unanimité. Selon les données de l'historiographie et de l'ethnographie modernes, les Samaritains seraient des descendants directs des tribus d'Éphraïm et de Manassé issues du Nord d'Israël[107]. En effet, ces dernières avaient survécu à la destruction du royaume du Nord d'Israël par les Assyriens en 722 av. J.C.

2.1.1.2. Le Pentateuque Samaritain

Pour les Samaritains, la Bible se résume au Pentateuque Samaritain[108]. En 1616, lors de son voyage, Pietro della Valle se procure à Damas un Pentateuque et un Targum samaritains. Il les remit à Achille Harlay de Sancy qui était, à cette époque, ambassadeur de la France à Constantinople. Ce dernier les fit envoyer à l'Oratoire de Paris où ils furent confiés au P. Jean Morin. Et c'est ainsi qu'en 1632, pour la première fois, parut la *version samaritaine* dans le *volume VI* de la *Polyglotte de Paris* publiée en 1645. Par la suite, avec quelques améliorations, elle fut reprise et mieux présentée dans le *volume I* la *Polyglotte de Londres* publiée en 1657. Le Pentateuque Samaritain contient une série notoire de variantes, en rapport avec le texte massorétique (6000 environ, desquelles 1900 correspondent beaucoup plus à des variantes de la LXX: à titre d'exemple, nous avons l'importante variante de Dt 27, 4 qui lit *Gerizim* en lieu et place de Ebal)[109].

---

[106] H. COUSIN - J.-P. LEMON, « Un judaïsme aux sensibilités diverses », 729.

[107] Cf. R. T. ANDERSON, « Samaritans », in FREEDMAN D. N. *et alii*, *The Anchor Bible Dictionary,* vol.5, Doubleday, New York 1992, 941.

[108] J. MARGAIN, « Samaritains (Pentateuque) », in L. PIROT (sous la dir.), *Dictionnaire de la Bible Supplément*, Tome XI, Letouzey & Ane, Paris 1938, 762; A. M. DI NOLA, « Samaritani », in KITTEL Gerhard. (sotto la dir. di), *Grande lessico del Nuovo Testamento,* 789.

[109] « On doit retenir originaire ou la lecture samaritaine ou celle massorétique, étant probable qu'on ait altéré le texte en position anti-samaritaine ou, vice-versa, que les Samaritains eux-mêmes l'aient adapté à leurs propres exigences de légitimation du Gerizim comme siège réel de la présence de Dieu » : A. M. DI NOLA, « Samaritani », in G. KITTEL (sotto la dir. di), *Grande lessico del Nuovo Testamento* , 789.

Le Samaritain se présente comme le traditionnaliste intégral, pour qui seule compte la religion des origines et qui la défend farouchement. Un tel conservatisme se manifeste tout d'abord par le fait que le Pentateuque à lui seul fait autorité comme l'unique texte normatif qui a été donné par Moïse[110]. Comme telle, le «samaritanisme» est considéré comme une religion du Livre.

D'après le *Targum* samaritain en Dt 34, 10 - avec quelques variantes notoires du texte hébraïque -, Moïse est l'unique prophète et apôtre de Yahvé; et après lui, il n'existe nul autre. Il lui a été transmis le dépôt de la foi contenue dans la Torah. Voilà qui explicite cette formule de profession de foi Samaritaine: «J'ai mis ma foi en toi, Jahvé; et en Moïse, fils de Amram, ton serviteur; et en la sainte Loi; et au mont Garizim Beth-El; et au jour de la Vengeance et de la Récompense». Du Pentateuque Samaritain, il a été conservé des fragments de traduction grecque (*Samareitikon*)[111].

2.1.2. Le cadre topographique : le puits de Jacob

Le puits de Jacob sert de cadre topographique à de la rencontre de Jésus et la femme Samaritaine[112]. Selon sa définition classique, le puits est une excavation plus ou moins profonde qui permet de retrouver une nappe d'eau. Dans la conception biblique, le puits (*bé'ér*) se distingue donc de la citerne (*berékah*) qui recueille les eaux de ruissellement, et de la source (*'aïn*) qui jaillit d'elle-même à la surface[113].

L'eau, cette substance naturelle si rare en pleines zones désertiques, revêtait une importance

[110]« Le ton de la formule reflète évidemment le schéma de la déclaration de foi musulmane, mais aussi s'inscrit dans le même perspective d'un yahvisme intégriste, avec comme accent particulier provenant d'une autre lecture du texte biblique (fonction prophétique exclusive de Moïse ; fonction du mont Garizim ; eschatologie finale du Jour de la Vengeance). Quand ces thèmes particuliers viennent à être exclus, nous avons une parfaite orthodoxie explicitant la position rabbinique qui déclare qu'on peut réadmettre immédiatement les Samaritains s'ils venaient à renoncer au Mont Garizim et acceptent ainsi le Temple central de Jérusalem » : *Ibid.*

[111] *Ibidem* , 789-790.

[112] « Rendu célèbre par la rencontre de Jésus avec une samaritaine, le puits de Jacob, également appelé pour cette raison ''puits de la Samaritaine''. Situé en Samarie (cf. Jn 4, 4-5), le puits de Jacob est identifié avec certitude avec un puits profond qui est situé au pied nord-est du mont Garizim et près d'un carrefour de routes importantes. Ce puits se trouve à 1, 500 km au sud du village actuel 'Askar et à 300 m au sud-est de l'antique Sichem (Tell el Balata) » : J. BRIEND, « Puits », in H. CAZELLES - A. FEUILLET (sous la dir.), *Dictionnaire de la Bible. Supplément,* T IX, Letouzey & Ané, Paris 1979, 386.

[113] Cf. *Ibid.*, 381.

capitale pour Israël[114]. Au-delà de la nécessité de ce besoin ontologique de l'eau qu'elle procure, le puits apparaît dans les interprétations targumique et midrashiques comme *lieu théologique majeur*[115]. En effet, dans la traduction interprétative du *targoum* et la lecture explicative du *midrash*, le puits symbolise le *don de la Torah*; de surcroît, l'eau provenant du puits devient dès lors *breuvage spirituel*. Par ailleurs, dans la littérature biblique, le puits est considéré comme un *topos des fiançailles et des noces*.

2.1.2.1. Le puits: symbole du don de la Torah

Un commentaire de Qumran affirme: «Le puits, c'est la Loi»[116]. Un tel symbolisme a comme soubassement les récits de la marche du peuple dans le désert relatée d'une part en Ex 1-17 (marche dans le désert, don de la manne et des cailles, eau du rocher) et en Nb 20- 21 d'autre part (marche dans le désert, chant du puits).

Dans le Targum Neofiti 1, le puits est considéré comme un *don* de YHWH (Nb 21, 16 - 20). Ce qui du reste est bien mis en exergue dans la rencontre de Jésus avec la femme Samaritaine:

> « A partir de là, le puits leur fut donné. C'est le puits que YHWH avait dit à Moïse: ''Rassemble le peuple et je leur donnerai de l'eau.'' Alors Israël chanta ce poème de louange: ''Monte, puits!'' lui chantaient-ils. Et celui-ci montait. Le puits que les princes du monde, Abraham, Isaac et Jacob ont creusé autrefois, les (hommes) avisés du peuple l'ont achevé, les soixante-dix sages qui avaient été mis à part, les maîtres d'Israël, Moïse, et Aaron, l'ont mesuré avec leurs verges. Et depuis le désert, il leur a été donné (comme) un don. Et après leur avoir été donné en don, le puits se transformait pour eux en torrent impétueux; et après être devenu torrent impétueux, il se mit à monter avec eux sur la cime des montagnes et à descendre avec eux dans les vallées profondes. Et après être monté avec eux sur les cimes des montagnes élevées et être descendu avec eux dans les vallées profondes, il leur fut caché dans la vallée qui se situe aux frontières Moabites, au sommet de la hauteur, celle qui regarde en

[114] Pour l'arrière-fond vétérotestamentaire, voir J. - L. SKA, «Jésus et la Samaritaine (Jn 4). Utilité de l'Ancien Testament », *Nouvelle Revue Théologique* 118 / 5 (1996), 641 - 652.

[115] Cf. J.-M. POFFET (sous la dir.), *Jésus et la Samaritaine (Jean 4,1-42), Cahiers Evangile Supplément* 93, 7.

[116] Cité par A. MARCHADOUR, *Les personnages dans l'évangile de Jean. Miroir pour une christologie narrative*, Les Editions du Cerf, Paris 2011, 82.

direction de Beth Yeshimon »[117].

Pour certaines traditions, ce *don* de l'eau remonte déjà à Mara (Ex 15, 22s). Quand le peuple eut soif durant sa marche dans le désert, il parvint à cet endroit et ne trouva que de l'eau amère. C'est alors que Moïse jeta un morceau de bois dans l'eau et elle devint douce. Et c'est à partir de ce moment-là que YHWH fixa un *statut* et un droit à son peuple (Ex 15, 22 - 26). C'est la raison pour laquelle le *Targum du Pseudo-Jonathan* a mis en rapport ces deux éléments pour en souligner l'origine de la soif du peuple : l'abandon des préceptes édictés par YHWH[118]. En effet, la raison majeure de la soif du peuple proviendrait du fait qu'il n'ait observé les préceptes et les lois de YHWH. Dans cette perspective, la survie du peuple au désert ne dépendrait nullement de ce bien naturel nécessaire qu'est l'eau, mais plutôt de la Torah. Du coup, il existe un parallélisme entre l'épisode de Mara qui met en exergue l'observance des préceptes de la Torah et l'appel prophétique d'Isaïe: « Vous tous qui avez soif, venez, prêtez l'oreille ..., écoutez-moi » (Is 55, 1)[119].

Les emplois récurrents de la racine « don » dans l'épisode de Jn 4, 1-42 favorisent le symbolisme du puits comme « don » par excellence de la Loi de YHWH. De ce fait, les différentes scènes et symbolismes bibliques liés au puits orient vers le mystère de la relation d'alliance. Au cœur de ce mystère d'alliance, nous avons la voix des prophètes qui ne cessent de dénoncer les atteintes répétées et les infidélités vis-à-vis de la Loi[120].

2.1.2.2. Le puits: topos des fiançailles et des noces

Les religions païennes divinisaient les sources. D'ailleurs les premiers livres de la Bible en font un lieu de rencontre entre Dieu et l'homme, et aussi un point de communication entre les hommes (cf. Gn 16, 7-14; 21, 14-19. 25-31; 24, 1-27; 26, 15-25; 29, 1-6; 33, 19; Ex 2, 11-22; Nb 21, 16-18; Jn 4, 1-26; 5, 1-18). Ainsi donc, c'est à dessein que de situer la rencontre de Jésus avec la femme Samaritaine au bord d'un puits (v.6): ce fait renoue avec un thème de la littérature biblique

---

[117] *Targum Neofiti 1*, in *Cahiers Evangile Supplément* 93, 9.
[118] Cf. *Targum du Pseudo-Jonathan sur Ex 15, 22 – 25*, in J.-M. POFFET (sous la dir.), *Cahiers Evangile Supplément* 93 (1995), 9.
[119] Cf. *Ibidem*, 10; *Livre des Antiquités bibliques* XI, 15.
[120] A. MARCHADOUR, *Les personnages dans l'évangile de Jean*, 82.

patriarcale[121]: « En situant le dialogue près d'un puits, l'évangéliste renoue avec un thème de la littérature biblique patriarcale. Dans un pays où l'eau est rare, les points d'eau sont tout naturellement des lieux privilégiés de rencontres, de conflits et de réconciliations (cf. Gn 21, 25; 25, 15-22), donc d'anciens souvenirs»[122].

Dans la littérature universelle comme du reste dans la Bible, une rencontre au puits entre un homme et une femme était toujours considérée comme un *topos* des fiançailles et des noces[123]. Et si l'on se réfère à l'Ancien Testament, l'épisode de la rencontre de Jésus avec la femme Samaritaine évoque les trois récits ci-après:

- ✓ Le récit du serviteur d'Abraham chargé d'aller trouver une épouse pour Isaac (Gn 24);
- ✓ La rencontre de Jacob et de Rachel (Gn 29, 1-14);
- ✓ La fuite de Moïse au pays de Madian et sa rencontre avec les sept filles du prêtres Réouël (Ex 2, 15-22).

a) Les fiançailles et le mariage de Rebecca et Isaac (Gn 24,1 - 67)

Abraham prend l'initiative de chercher un femme pour son fils Isaac (vv. 2-8). Une telle préoccupation s'inscrit dans la perspective de la *promesse divine* (cf. Gn 12, 2). Un autre fait non moins important qu'on a cherché à Isaac une épouse provenant de la même lignée que son père: elle est issue de la même parenté que Abraham (cf. Gn 24, 4), de la même terre que de Nahor, le frère de Abraham (cf. Gn 11, 26.27.29; 22, 20 - 24; 24, 10). Un tel détail est sans doute à mettre en rapport avec le réel souci que la *descendance d'Abraham* ne devrait pas être en brassage avec une tierce race ou une quelconque culture (cf. Ex 34, 16; Nb 25, 1 - 18; Dt 7, 3; Gn 24, 37; 26, 34 – 35; 27, 46; 28, 8; 1R 11, 1 - 2).

---

[121] Cf. F. GIUNTOLI, *Genesi 11, 27 - 50, 26. Introduzione, traduzione e commento*, Edizioni San Paolo, Milano 2013 , 157.

[122] X. LEON-DUFOUR, *Dictionnaire du Nouveau Testament*, 347.

[123] « Dans le cadre hostile du désert, le puits est le lieu verdoyant qui symbolise la vie; c'est aussi l'espace privilégié des rencontres amoureuses: c'est là que Isaac, Jacob et Moïse rencontrent la femme aimée (voir Gn 24; 29; Ex 2, 15 - 22). Le Cantique des cantiques compare la femme à un puits: ''Ma sœur, ma fiancée, un jardin bien clos, une source scellée. Tes jets sont un verger de grenadier. Source des jardins, puits d'eau vive, ruissellement du Liban'' (Ct 4, 15). De même le livre des Proverbes parlant de la femme dit: ''Bois l'eau de ta propre citerne, l'eau jaillissante de ton propre puits'' (Pr 5, 15)»: A. MARCHADOUR, *Les personnages dans l'évangile de Jean. Miroir pour une christologie narrative*, Les Editions du Cerf, Paris 2011, 78.

Cette préoccupation du brassage ethnico-culturel était fondamentale pour le peuple d'Israël à l'époque post-exilique. En effet, le peuple d'Israël, de retour de l'exil à Babylone, était tenu de sauvegarder *la pureté* et *l'intégrité* de la descendance d'Israël. Ayant été privé de *roi* et de *terre* , Israël ne trouvait sa consolation que dans la sauvegarde du *lien généalogique du sang* comme critère de reconnaissance et d'identification[124].

Conformément à la coutume qui prévalait en Israël, le père de la future mariée devait recevoir une *dot* (*mohar*) (cf. v. 53; Gn 34, 12; Ex 22, 15; 1Sm 18, 25) et la mariée une *dot* (*mattan*) (cf. 24, 22.47.53) de la part de la famille du futur mari (cf. Gn 34, 12). Le fait que Rebecca ait abreuvé auprès du puits les animaux du serviteur d'Abraham est une préfiguration du même geste qui sera posée plus tard aussi bien par Jacob (cf. 29, 10) que par Moïse (cf. Ex 2, 17).

b) La rencontre entre Rachel et Jacob (Gn 29,1 - 32, 3)

A l'instar de Abraham qui avait pris l'initiative d'envoyer son serviteur chercher une épouse pour son fils Isaac dans la ville de Nahor (cf. Gn 24, 2), Jacob lui aussi s'était rendu dans la même patrie et la même famille en vue de trouver une épouse pour lui-même. Et de la même manière que le serviteur d'Abraham eut trouvé une pour Isaac près d'un *puits* (רְאֵב: cf. Gn 24, 11.13 – 20.51), ainsi Jacob en fera de même pour lui (רְאֵב: cf. Gn 29, 2.9-10.18).

Ce qui fait la spécificité de cette épisode, c'est la grandeur de la pierre qui servait à couvrir le puits (v. 2). Habituellement, il fallait l'intervention de tous les bergers issus de différents groupes pour pouvoir déplacer la pierre (vv.3.8). Néanmoins, Jacob, à lui seul, la déplaça à la seule vue de Rachèle (vv. 9 - 10). La rencontre entre Jacob et Rachèle est très cordiale et présage déjà de bonnes augures en parfaite harmonie avec la *promesse divine* (cf. Gn 28, 15.20)[125].

Par ailleurs, il est à noter aussi la présence de Laban, lequel protagoniste aura été déterminant tout au long de l'épisode. Toujours est-il que ce dernier finira par ne plus être en bons termes avec

---

[124] Cf. F. GIUNTOLI, *Genesi 11, 27 - 50, 26* , 104.

[125] Cf. F. G. LOPEZ, « Genèse 29, 1 - 14. La rencontre de Jacob avec Rachel et Laban», in J. - D. MACCHI - T. RONER (sous la dir.), *Commentaire à plusieurs voix de Gen. 25 - 36* Fs. A. de Pury, Genève 2001.

son neveu Jacob. Après un mois passé dans le cercle familial (29, 14b), Laban offre un salaire à Jacob pour son travail : d'un commun accord, après sept années de labeur, Jacob allait pouvoir épouser Rachèle dont il était tombé amoureux (v.18). Ainsi donc, les sept années au service de Laban allaient substituer le *prix nuptial* (*mohar*) que Jacob devait payer pour pouvoir épouser Rachèle[126] (v.17). Mais tel n'a pas été le cas le jour où devaient avoir lieu les noces : en lieu et place de Rachèle, Jacob est contraint non seulement d'épouser Lia mais encore il devra travailler endurer le dur labeur de sept autres années pour pouvoir éventuellement épouser Rachèle à son tour (29, 16-30).

c) La fuite de Moïse au pays de Madian et sa rencontre avec les sept filles du prêtre Réouël (Ex 2, 15b - 22)

L'épisode de la fuite de Moïse d'Egypte au pays de Madian rappelle celui de la fuite de Jacob (cf. Gn 29, 1 - 14). En effet, le schéma littéraire des deux épisodes est identique[127] ((ראֵב: Ex 2, 15 - 17.21). S'étant enfui de chez Pharaon, Moïse arrive en terre de Madian. Et c'est là qu'il s'assit près d'un puits (v.15b). C'est ainsi qu'il fait la rencontre des sept filles du prêtre Réouël qui étaient venues puiser de l'eau au puits pour abreuver le troupeau de leur père (v.16).

Ayant été inquiétées par un groupe de bergers, ces dernières furent aidées par Moïse qui, du reste, abreuvera même leur troupeau (v.17). L'intervention de Moïse pour défendre ces jeunes filles de « l'agression » d'un groupe d'hommes met encore en exergue la facette de personnage comme un véritable *libérateur* (v.19). C'est ainsi qu'il trouva hospitalité auprès de ce prêtre de Madian qui, par la suite, lui donna comme épouse sa fille Cippora (v.21).

Tous les trois épisodes ci-dessus débutent de la même manière: ils décrivent d'abord le voyage d'un homme vers une terre étrangère, et qui aboutit près d'un puits. La suite des trois récits suit le modèle littéraire des scènes des fiançailles biblique ci-dessous:

- ✓ Une ou plusieurs filles viennent au puits;

---

[126] En Israël, il était de coutume que la famille du futur époux paye *le prix nuptial* (*mohar*) à la famille de la future épouse (cf. Gn 24, 53; 34, 12; Ex 22, 15; 1Sm 18, 25).

[127] Cf. F. G. LOPEZ, « Genèse 29, 1 - 14 », 88-93.

- ✓ La conversation s'engage: ou bien c'est le futur époux qui demande de l'eau, ou bien c'est lui qui abreuve le troupeau confié à la jeune fille ou aux jeunes filles;
- ✓ La jeune fille retourne chez elle en courant: elle fait part à ses parents de sa rencontre d'un homme au puits;
- ✓ L'homme est invité par les parents de la jeune fille qui, en général, lui offrent un repas;
- ✓ La scène se termine par un mariage.

Dans la perspective de Jn 4, excepté le dernier élément ayant trait à la célébration du mariage, l'on peut déceler tous les autres éléments de ce modèle littéraire des scènes de fiançailles bibliques dans l'épisode de la rencontre de Jésus avec la femme Samaritaine:

- ✓ La femme Samaritaine vient au puits pour chercher de l'eau (v.7a);
- ✓ Jésus engage le dialogue en demandant de l'eau à la femme Samaritaine (v.7b);
- ✓ La femme Samaritaine s'en va pour faire part de sa rencontre avec Jésus (v.28);
- ✓ Les Samaritains se rendent au puits (v.30);
- ✓ Jésus est invité par les Samaritains à demeurer chez eux (v.40).

2.2. Les relations sociales

2.2.1. Les rapports conflictuels entre Juifs et Samaritains

Il existe deux faits qui sont les causes principales de la division entre les Samaritains et les Judéens. D'une part, les Samaritains se construisent un temple sur le mont Garizim. Ce nouveau lieu de culte constituera un sanctuaire rival du temple de Jérusalem. D'autre part, quelques siècles plus tard, en 166 av. J.-C., des troupes samaritaines se joignent à l'armée séleucide pour combattre Israël lors de la révolte des frères Maccabées : « Apollonius rassembla une troupe importante de Samarie pour faire la guerre à Israël» (1 M 3,10)[128].

---

[128] « Jésus est venu dans le monde pour nous introduire tous dans une communion avec Dieu, et nous donner une vie nouvelle. Jésus ne commence pas sa mission en allant chez les riches ni même chez les pauvres d'Israël. Il va chez les Samaritains et rencontre une femme qui avait vécu beaucoup de ruptures affectives, une femme qui

Des signes d'oppositions et de désaccord entre Juifs et Samaritains sont fort patents. Ce sont «ces peuples des pays» (Esd 3, 3) qui cherchent à s'opposer aux efforts de reconstruction des rapatriés:

« Quand les ennemis de Juda et de Benjamin apprirent que les déportés bâtissaient un Temple au SEIGENUR, le Dieu d'Israël, ils s'approchèrent de Zorobabel et des chefs de famille et leur dirent: ''Nous voulons bâtir avec vous! Comme vous, en effet, nous cherchons Dieu, le vôtre, et nous lui offrons des sacrifices, depuis le temps d'Asarhaddon, roi d'Assyrie, qui nous a fait monter ici.'' Mais Zorobabel, Josué et le reste des chefs de famille d'Israël leur dirent: ''Nous n'avons pas à bâtir, vous et nous, une Maison à notre Dieu: c'est à nous seuls de bâtir pour le SEIGNEUR, le Dieu d'Israël, comme nous l'a ordonné le roi Cyrus, roi de Perse.'' Les gens du pays en arrivèrent pourtant à rendre défaillantes les mains du peuple de Juda et à effrayer les bâtisseurs. Ils payèrent contre eux des conseillers pour faire échouer leur plan, durant tout le temps de Cyrus, roi de Perse, jusqu'au règne de Darius, roi de Perse » (Esd 4, 1-5; cf. Esd 4, 6.24; Ne 3, 34)[129].

Un brassage de population fit que les Samaritains eurent plusieurs fois l'occasion de marquer leurs différences[130]. La légitimité du mont Garizim était évidemment en contraste avec l'Hébraïsme méridional mais Flavius Josèphe, eu égard au conservatisme hiérosolymitain, parle d'un culte «

appartenait à un groupe considéré par les Juifs comme hérétique. Les Samaritains étaient un parti religieux dissident du judaïsme traditionnel. Ils adoraient Dieu sur le mont Garizim en Samarie et refusaient de reconnaitre le Temple de Jérusalem comme le lieu sacré où Dieu demeure. Ils reconnaissaient la parole de Dieu dans les cinq premiers livres de la Bible, la Torah ou le Pentateuque, mais ne reconnaissaient ni les prophètes ni les autres livres saints. Bien qu'ils soient eux aussi des enfants d'Abraham, il y avait beaucoup de méfiance et de haine entre Juifs et Samaritains. Un jour, voulant insulter Jésus et montrer que c'était un hérétique, des pharisiens lui ont crié. « *Tu es un Samaritain et le démon est en toi* » (Jn 8, 48) » : J. VANNIER, *Entrer dans le mystère de Jésus. Une lecture de l'évangile de Jean*, Salvator, Paris 2013, 88.

[129]Cf. H. COUSIN - J.P. LEMONON, , « Un judaïsme aux sensibilités diverses », in H. COUSIN (sous la dir.) , *Le monde où vivait Jésus*, 729.

[130] « Le point focal de la foi samaritaine est la légitimité des offrandes sur le Gerizim, selon le rite de l'immolation lévitique. Si l'on a en mémoire la complexité de l'histoire qui fut à l'origine de la centralisation du culte à Jérusalem et l'incertitude des motifs théologiques et bibliques qui justifient une telle centralisation, la position des Samaritaines devient parfaitement compréhensible. Ces derniers ont réagi contre la fonction accentuée de la dynastie méridionale et du clergé hiérosolymitain, durant la période préexilique, conservant ainsi leurs propres lieux cultuels, liés eux-mêmes à des traditions antiques. Durant la période post-exilique, ils défendent la légitimité de leur siège sur le Gerizim, par opposition à une centralisation renouvelée et peut-être sous le profil religieux, plus risquée parce que, étant fini la dynastie davidique, les prêtres du Temple aspiraient à une théocratie politique» :A. M. di NOLA, « Samaritani », in K. GERHARD (sotto la dir. di), *Grande lessico del Nuovo Testamento* , 787

régulier » du Garizim et semble ne pas remettre en cause sa légitimité[131]. En effet, les Samaritains se faisaient une interprétation bien propre du texte du Deutéronome où Moïse reçoit de la part de Yahvé l'ordre de construire un autel sur le mont Ebal:

> «Quand vous aurez passé le Jourdain, vous dresserez ces pierres, suivant l'ordre que je vous donne aujourd'hui, sur le mont *Ebal*, et tu les enduiras de chaux. Tu bâtiras là un autel au SEIGNEUR ton Dieu, un autel fait de pierres sur lesquelles le fer n'aura pas passé; c'est avec des pierres intactes que tu bâtiras l'autel du SEIGNEUR ton Dieu; c'est là que tu feras monter des holocaustes vers le SEIGNEUR ton Dieu. Tu offriras des sacrifices de paix, tu mangeras là et tu seras dans la joie devant le SEIGNEUR ton Dieu. Tu écriras sur les pierres toutes les paroles de cette Loi; expose-les bien» (Dt 27, 4 --8).

Les Samaritains lisaient *Garizim* à la place de *Ebal*. Par ailleurs, ils ajoutaient aux deux rédactions du décalogue (Ex 20, 17 et Dt 5, 21) l'ordre de construire un autel sur le Garizim et d'y d'offrir des sacrifices à Yahvé. Dans cette polémique qu'on peut du reste appeler à juste titre «l'unique autel», les Samaritains semblaient se situer au niveau deutéronomique, pour lequel Jérusalem n'avait jamais été mentionné comme siège central et unique du culte. De ce fait, de la même manière que le courant hiérosolymitain avait appliqué au Temple méridional l'indication anonyme deutéronomique, de même le courant samaritain s'en était servi pour justifier le temple du Mont Garizim. Ainsi donc, c'est dans ce contexte qu'il faut situer la réaction de la femme Samaritaine qui considère le mont Garizim comme *lieu de la véritable adoration*: οἱ πατέρες ἡμῶν ἐν τῷ ὄρει τούτῳ προσεκύνησαν· καὶ ὑμεῖς λέγετε ὅτι ἐν Ἱεροσολύμοις ἐστὶν ὁ τόπος ὅπου προσκυνεῖν δεῖ. En évoquant ce point de litige qui opposaient Mont Garizim≠Jérusalem / Juifs≠Samaritains, la femme Samaritaine démontre sa fidélité et son attachement à la tradition de ses pères: le mont Garizim est véritablement le τόπος où il faut rendre le culte d'adoration à Dieu. A la suite de la déclaration de la femme Samaritaine, Jésus donne sa réponse en portant un jugement de valeur pour ainsi définir le sens de *la véritable adoration* (vv.21-24): l'adoration en *Esprit et*

[131] Cf. *Ibidem*, 787.

vérité (v.23a)[132]. Dès lors, le culte d'adoration rendu à Dieu n'est plus lié à un τόπος bien défini (Jérusalem ou mont Garizim) déterminé par des traditions issues du passé (vv.23-24)[133].

Le peuple samaritain était assimilé à un mélange de populations et donc de religions; ce qui fut longtemps dénoncé par les Juifs de Jérusalem (cf. 2R 17,24-41). S'estimant les seuls fidèles à la religion du Dieu d'Israël, ils « détestent » les Samaritains, « le peuple fou qui habite à Sichem »: « Il y a deux nations que mon âme déteste et la troisième n'est pas une nation: ceux qui sont établis dans la montagne de Séïr, les Philistins et le peuple fou qui habite à Sichem » (Si 50, 25-26). Voilà qui explique la réaction spontanée de la femme Samaritaine (Σαμαρίτιδος οὔσης) vis-à-vis du « Juif Jésus » (Ἰουδαῖος ὢν) (v.9b). Une réaction teintée d'étonnement et dont la raison se trouve bien explicitée par la glose du v.9c: οὐ γὰρ συγχρῶνται Ἰουδαῖοι Σαμαρίταις. Ce sentiment de *haine réciproque* a prévalu au temps de Jésus et, du reste, a été toujours vivace[134] (cf. Mt 10, 5; Lc 9, 52-53; Jn 4, 9). D'ailleurs comme nous l'avons déjà mentionné ci-dessus, l'appellation de « Samaritains » a été lancée à Jésus comme une injure (Jn 8, 48). Pourtant le Juif Jésus ne craint pas

---

[132] « Ce culte en Esprit et vérité est celui que chaque croyant habité par l'Esprit rend au Père. Il est intérieur, non pas parce qu'il serait localisé dans la partie la plus intérieure de chacun, mais parce qu'il est l'œuvre de l'Esprit: c'est l'adoration *véritable* que l'Esprit Saint qui est *vérité* (c'est-à-dire révélation) suscite en nous, qui provient de sa présence et de sa permanence en nous .... Une telle naissance d'un culte spirituel intériorisé s'appuie sur la révélation du mystère de Dieu: ''Dieu est Esprit'' (v.24). Dieu est au-delà du langage même de l'homme. Il est à l'opposé de ce qui est ''charnel''. Dans une telle révélation, le rapport aux lieux, à la terre même, se relativise. Désormais Dieu n'est plus relié à une terre, aussi sainte soit-elle, mais habite dans le cœur de tout homme, en qui l'Esprit a fait sa demeure »: A. MARCHADOUR, *L'évangile de Jean,*81.

[133] « Dans ce conflit, Jésus se situe clairement ; en s'associant au ''nous'', il se déclare sans ambiguïté ''Juif''. De plus, il porte un jugement de valeur sur chaque camp. Ainsi, il impute aux Samaritains et, par là même, à son interlocutrice, une adoration aveugle qui va jusqu'à ignorer ce qu'elle vénère (οὐκ οἴδατε). Cette critique est sans doute fondée dans le fait que l'Ecriture des Samaritains se réduisait au seul Pentateuque et ne contenait pas l'entièreté de la Bible juive qui, seule, permet une connaissance fondée de Dieu », J. ZUMSTEIN, *L'évangile selon saint Jean (1-12)*, 154.

[134] « Les traces de désaccords, d'oppositions, entre ces deux variantes du même monothéisme que sont le samaritanisme et le judaïsme sont fort nombreuses. Origène note que les Samaritains nient la résurrection des morts - une croyance qu'ils n'accueillent qu'au IVème siècle - et un traité talmudique affirme qu'ils seront accueillis ''quand ils auront renoncés au Garizim et confessé Jérusalem et la résurrection des morts. Dès lors le IIème avant notre ère, Jésus, fils de Ben Sira, mentionne ''le peuple fou qui habite à Sichem'' (Si 50, 25-26). L'évangile de Jean affirme que ''les juifs ne veulent rien avoir de commun avec les Samaritains'' (4, 9). Dans la parabole du bon Samaritain, le personnage appartenant à ce peuple prend un sens du fait qu'il désigne, dans la conscience juive commune, le paria que l'on rejette (Lc 9, 29-37). A trois reprises, dans trois livres différents du Talmud, et déjà dans Berakhot VII, 1, il est dit que ''les Samaritains sont comme les païens''. On sait d'ailleurs comment la traversée de leur territoire par des juifs, habituelle (Jn 4, 4), n'allait pas sans incidents (Lc 9, 52-53) ; cela dégénérait parfois, comme ce fut le cas sous le procurateur Cumanus, vers 48-52. Dès la fin du Ière siècle av. J.-C., des gestes haineux n'ont pas manqué de part et d'autre »: H. COUSIN - J.-P. LEMONON, « Un Judaïsme aux sensibilités diverses », 733-734.

de traverser la Samarie (Lc 9, 52; 17, 11; Jn 4, 4). C'est à une Samaritaine qu'il fait l'annonce de « l'eau vive » (Jn 4, 7-15) et du « véritable culte d'adoration » (Jn 4, 20-26); ce sont les Samaritains qu'il donne comme modèles de *l'amour du prochain* (Lc 10, 29-37: la parabole du bon Samaritain; cf. l'épisode 2Ch 28, 8-15) et de *la reconnaissance* (cf. Lc 17, 11-18: l'épisode de la guérison des dix lépreux). Ses disciples doivent être ses « témoins » dans toute la Judée et la Samarie: « Mais vous allez recevoir une puissance, celle du Saint Esprit qui viendra sur vous; vous serez alors mes témoins à Jérusalem, dans toute la Judée et la Samarie, jusqu'aux extrémités de la terre » (Ac 1, 8).

La Samarie sera évangélisée par le diacre Philippe (Ac 8, 1-9), par Pierre et Jean (Ac 8, 14-25: rencontre avec Simon le Magicien) et par Barnabé et Saul : « L'Eglise d'Antioche pourvut à leur voyage. Passant par la Phénicie et la Samarie, ils y racontaient la conversion des nations païennes et procuraient ainsi une grande joie à tous les frères » (Ac 15, 3).

2.2.2. L'identité de la femme dans la société juive

Si depuis sa naissance l'homme juif est pris dans un réseau de lois qui structurent son identité à chaque moment de sa vie, pour la femme juive, il en va tout autrement. En effet, elle est considérée comme étant *une perpétuelle mineure*. Ne jouissant pas d'un état civil équivalent à celui de l'homme, par conséquent, elle ne peut acquérir ni agir en justice, ni même hériter de son mari[135].

Bien entendu, il y a un lot de lois communes, essentielles, que la femme est tenue de respecter. À cela, il faut ajouter que c'est par la femme que se transmet le judaïsme. En effet, selon la loi, est juif ou juive toute personne ayant une mère juive, même si le père n'est pas juif. La matrilinéarité du judaïsme donne à la femme un rôle prépondérant dans sa transmission, rôle que l'homme n'a pas, même s'il est porteur du nom. En ce sens, on peut dire que c'est la femme qui donne l'identité juive[136].

[135] X. LEON-DUFOUR, *Dictionnaire du Nouveau Testament,* Les Editions du Seuil, Paris 1975^{2}, 50.
[136] Cf. N. SABA, *Les paradoxes de la judéité dans l'œuvre romanesque d'Albert Memmi*, Edilivre APARIS, Paris, 2008.

2.2.2.1. Les stéréotypes sur la femme juive[137]

La condition de la femme reflète l'image d'une société où la conscience collective était véhiculée par une sorte de stéréotypes. Dans un tel contexte, la femme était presque reléguée au second plan, parce que destinée à vivre en état d'infériorité et de totale soumission vis-à-vis de l'homme. C'est dire tout simplement que la société juive avait une *image négative* de la femme.

a) Source dangereuse de tentation et de péché

Dieu avait créé la femme pour procurer à l'homme « une aide qui lui soit accordée ». La vocation première de la femme était donc d'être *une aide adéquate* pour l'homme : « Le SEIGNEUR Dieu dit: ''Il n'est pas bon pour l'homme d'être seul. Je veux lui faire une aide qui lui soit accordée » (Gn 2, 1).

Toutefois, en offrant à l'homme « le fruit défendu » la femme devint *tentatrice*[138] et *cause de péché* (Gn 2, 4-3, 24). Dès lors, il fallait faire preuve de prudence à son égard et la réduire à *un état de soumission*[139]. Telle était l'attitude à tenir pour la mettre « hors d'état de nuire »! Il va sans dire que du fait de la *méfiance* féminine, la femme est soupçonnée de culpabilité fondamentale et ainsi considérée comme: tentatrice de l'homme, responsable du mal dans le monde et de l'échec de l'homme[140].

b) «Propriété» de l'homme

Perpétuelle mineure, la femme appartient d'abord une « propriété » de son père. Une fois mariée, elle devient « propriété » de son mari. Veuve, elle appartient à ses enfants ou elle revient à son père et à ses frères. Du coup, la situation sociale de la femme israélite se résume au seul fait

---

[137] Nous nous référons ici à l'ouvrage de J.A. PAGOLA, *Jésus. Approche historique*, Les Editions du Cerf, Paris 2012, 219-223.

[138] « C'est ainsi que, parfois, les femmes étaient craintes comme une source de tentation. A Babylone, probablement à cause du grand laxisme dans les choses sensuelles parmi la population générale, on disait bien que la voix d'une femme est une séduction sexuelle aussi bien que ses cheveux et ses jambes ... et qu'on ne devait, sous aucun cas, être servi à table par une femme ...» : J. HOURCADE, *Des femmes prêtres ?* Editions Mame, Paris 1993, 102.

[139]Les recueils de la littérature sapientiale exhortent les hommes à se défier de la femme et à la tenir toujours sous un ferme contrôle (Si 25, 13-26; 24, 9-14; Pr 5, 1-23; 9, 13-18).

[140] G. BLAQUIERE, *La grâce d'être femme,* Editions Saint-Paul, Paris 1981, 57-58.

d'avoir des enfants et de servir fidèlement l'homme.

En se mariant, la femme quitte sa maison familiale et passait ainsi – bien souvent mal gré - de l'autorité du père à celle du mari. Dès lors, toute sa vie durant, elle devait se consacrer exclusivement à son service. C'est pourquoi elle l'appelait *ba'ali*, c'est-à-dire « mon seigneur ». Ses devoirs ne variaient pas: moudre le blé; cuire le pain; cuisiner; filer; laver le visage, les mains et les pieds de son époux. Et naturellement, son principal devoir consistait à satisfaire ce dernier sexuellement et à lui donner des enfants mâles capables d'assurer la subsistance de la famille. De ce fait, une femme jouissant d'une pleine autonomie est impensable. C'est pourquoi le Décalogue la considérait comme la « propriété » du maître de maison: « Tu ne convoiteras pas la maison de ton prochain. Tu ne convoiteras pas la femme de ton prochain, ni son serviteur, ni sa servante, ni son bœuf, ni son âne, rien de ce qui est à ton prochain » (Ex 20, 17).

c) Femme « impure »[141]

Il s'agit ici du caractère impur de la femme en général et de ses menstrues en particulier (Lv 15, 18-33). Une émission génitale, de nature normale ou irrégulière, étaient considérée source d'impureté chez la femme. Et c'est la raison pour laquelle la femme ne pouvait avoir accès au sanctuaire durant sa menstruation. Elle était mise à l'écart du fait qu'elle pouvait « transmettre » son impureté: « La femme est un être soupçonné: soupçonnée d'être impure parce que femme, ... souillée par les lois physiologiques les plus naturelles de sa sexualité (...)»[142].

A propos, un homme qui avait des relations sexuelles avec une femme en période de menstruation était considéré impur. Du coup, soit il était considéré comme tel sept jours durant (Lv 15, 24) soit il était tout simplement mis en quarantaine en même temps que ladite femme (Lv 20, 18). Par ailleurs, il existe une certaine ambivalence quant à l'interprétation et l'appréciation qu'on faisait de la menstruation. Du point de vue religieux, la femme était un signe de fécondité et de

---

[141] Nous nous référons ici à l'étude faite par J. EBELING sur « menstruation et pureté », dans son ouvrage *Vies de femmes aux temps bibliques*, Les Editions du Cerf, Paris 2013, 110-117.
[142] G. BLAQUIERE, *La grâce d'être femme*, 57-58.

bénédiction. Mais en même temps, elle était considérée comme une source d'impureté. D'ailleurs ce dernier aspect était particulièrement mis en relief dans les textes anciens[143].

L'attitude d'étonnement dont ont fait montre les disciples de Jésus renvoie sans nulle doute à cette conception négative sur la femme (v.27). En effet, partant d'une considération sociohistorique, Jésus passe outre une certaine codification du rapport homme-femme qui prévalait à cette époque. Jésus transgresse les conventions sociales ; son comportement non conventionnel vis-à-vis de cette femme Samaritaine n'a pas été bien appréciée par ses disciples qui le trouve à la limite scandaleux (cf. aussi Jn 7, 53-8, 11). Jésus s'approche de la femme Samaritaine sans aucune réserve ni un quelconque préjugé défavorable. C'est parce qu'il ne se laisse pas phagocyter dans un carcan fabriqué par des considérations stéréotypées à l'égard de la femme. Dans une société à régime patriarcal, l'attitude de Jésus vient renverser tous les schémas de hiérarchies préétablis en défaveur du sexe féminin.

Jésus brise ainsi les schémas par le fait de remettre en cause les coutumes, les traditions et les pratiques qui opprimaient la femme. Il ne se laisse pas enfermer dans une certaine conception androcentrique qui n'avait de considération que pour le sexe masculin. C'est d'ailleurs la raison pour laquelle il prendra certaines femmes comme protagonistes de ses paraboles[144]: (Lc 15,8-9; 18,1-8). Par ailleurs, Jésus présente la femme comme *modèle de foi*: *l'obole de la veuve* (Mc 12,41-44), *la femme malade d'hémorroïde* (Mc 7,24-30), *Marie Madeleine* (Jn 20,11-18).

2.2.3. Les arrangements de mariages et coutumes de noces

Il n'existe pas de terme hébreu spécifique pour désigner la «femme mariée» dans l'ancien Israël: on la désigne simplement par le vocable אִשָּׁה. Contrairement à la femme, le mari était appelé *ba'ali* (seigneur), au lieu de אָדָם. Une telle appellation pourrait s'expliquer par le fait que la femme était « subordonnée » à l'homme. Par ailleurs, la femme était considérée comme « étrangère » dans la maison conjugale. De ce fait, elle avait le statut d'une personne qui préservait toujours des liens

[143] K. VAN DER TOORN, *From Her Cradle to Her Grave : The Role of Religion in the Life of the Israelite and the Babylonian Woman*, Sheffield Academic Press, 1994, 49.
[144] Cf. J. A. PAGOLA, *Jésus. Approche historique*, 229.

de fidélité envers la maison de son père; par conséquent, elle pouvait être requise au service de sa parentèle[145].

2.2.4. De la dot (mohar) au contrat de mariage (ketoubbah)[146]

L'initiative des arrangements matrimoniaux était réservée aux parents (Gn 21, 4; 34, 1-4; Ex 2, 21). C'est parce que les pères de famille sont les premiers responsables du mariage de leurs enfants (Gn 24, 35-53). A titre d'exemple, nous avons le récit d'Agar qui choisit une femme d'Egypte pour son fils Ismaël (Gn 21, 21). Toujours est-il que les futurs époux devaient être en mesure de garantir les termes du contrat matrimonial et faire preuve d'un choix libre. Par ailleurs, il est à noter qu'on se mariait à un âge relativement jeune (cf. Ismaël): l'âge du mariage était fixé à douze ans pour les filles et quatorze ans pour les garçons. Toutefois, les hommes se mariaient parfois à un âge avancé: Esaü s'est marié à l'âge de quarante ans et Joseph à trente ans. D'une manière générale, ce sont les hommes qui faisaient le premier pas. Mais on trouve une seule exception en 1S 18, 20, où Mika, fille de Saül, aime David: « Mika, fille de Saül, s'éprit de David. On en informa Saül, et la chose lui parut bonne ».

Quant au montant de la dot (*mohar*), il était défini de manière consensuel par le père de la fiancée et le fiancé. La dot était versée au père de la fiancée. Le *mohar* n'est pas l'équivalent d'un prix à verser pour racheter la jeune fille comme s'il s'agissait d'un système de troc; il ne s'agit pas de marchandise ou d'esclave, mais bien plutôt d'une compensation donnée à la famille. Par ailleurs, la virginité de la fiancée était importante. Du coup, la dot d'une non-vierge était moins élevée[147].

L'ensemble des démarches à faire pour aboutir à l'union matrimoniale est défini par le terme *qiddouchin*. De la racine *qaddoch*, le terme désigne le caractère sacré de l'union matrimonial constitué de deux étapes: d'une part les fiançailles (*érousin*) et d'autre part le mariage proprement dit (*nissouïn*). L'âge de la fiancée variait entre douze ans et douze ans et demi. Durant la période

[145] P. BIRD, *Missing Persons and Mistaken Identities : Woman and Gender in Ancient Israel,* Fortress Press, Minneapolis 1997, P.131.
[146] Cf. J.-P. LEMONON, « Le monde juif », 208-209.
[147] *Ibidem*, 208-209.

des fiançailles, la fiancée habitait encore dans la maison paternelle. Et il était interdit aux deux fiancés d'avoir des rapports sexuels. Cette période durait un an avant la célébration du mariage.

Un contrat écrit précisait la date, la place et l'envergure du mariage, aussi bien que l'enregistrement de la dot ainsi que les termes du maintien du mariage. Ce document relié, appelé *ketoubbah* restait en possession de la fiancée jusqu'à la consommation du mariage[148].

CONCLUSION

Notre survol historique nous aura permis de passer en revue quelques aspects saillants relatifs aux données ethnico-religieuses et socio-politiques relatifs au peuple juif de manière générale et de manière plus spécifique aux Samaritains, dans la perspective de Jn 4. Entre autre, il sied de mentionner tout d'abord deux pôles saillants: *le cadre du récit* et *les relations sociales*.

Le *cadre du récit* nous a permis de bien cerner l'arrière-fond *géographique* (Samarie) et *topographique* (puits) de la rencontre de Jésus avec la femme Samaritaine, considération faite d'une part des données historiques de la Samarie et des Samaritains et d'autre part du puits et ses traditions bibliques. Comme zone géographique correspondant aux limites d'une province assyrienne (cf. 1R 13, 32; 17, 24.26; 18, 34 (LXX); 23, 19; Jr 31, 5; Ab 19; Ne 3, 34; Jdt 1, 9; 4; 1M 3, 10; 10, 38; 2M 15, 1), la Samarie désigne aussi bien la capitale que le royaume d'Israël. Et c'est en 2R 17, 29a qu'on trouve employé pour la première fois le vocable « Samaritains ». Le *cadre topographique* (le puits de Jacob) revêt une double portée *théologique* dans les interprétations targumiques et midrashiques: il est symbole du *don de la Torah* comme *breuvage spirituel* (cf. Ex 15, 22-26; Nb 21, 16-20; Is 55, 1; il est le *topos* des fiançailles et des noces (cf. Gn 24 ; 29, 1-14 ; Ex 2, 15-22).

Quant aux *relations sociales*, elles nous ont servi de soubassement pour une étude plus approfondie des rapports entre Juifs et Samaritains, de l'identité de la femme, des arrangements de mariages et coutumes de noces. Les relations entre Juifs et Samaritains ont toujours conflictuelles. En effet, deux faits sont les causes principales de la division entre les Samaritains et les Judéens: la

[148] *Encyclopedia Judaica, , Keter Publishing House, Jerusalem 1972, 1031.*

construction du temple sur le mont Garizim comme un sanctuaire rival du temple de Jérusalem; la guerre contre Israël lors de la révolte des Maccabées en 166 avant J. C.(cf. 1 M 3,10). Par ailleurs, l'identité de la femme dans la société juive nous a permis de voir de visu que cette dernière était considérée comme étant *une perpétuelle mineure*. Ne jouissant pas d'un état civil équivalent à celui de l'homme, par conséquent, elle ne peut acquérir ni agir en justice, ni même hériter de son mari. Une telle condition de la femme reflète l'image d'une société où la conscience collective était véhiculée par une sorte de stéréotypes: la femme était presque reléguée au second plan, parce que destinée à vivre en état d'infériorité et de totale soumission vis-à-vis de l'homme.

Chapitre III

DE LA NOTION DE L'EAU ET DE L'HEURE DANS L'EVANGILE DE JEAN

INTRODUCTION

Dans l'épisode de la rencontre de Jésus avec la femme Samaritaine relaté en Jn 4, 1-42, l'on retrouve deux thématiques qui, du reste, ont été bien mises en exergue dans le quatrième évangile: *l'eau* (ὕδωρ) et *l'heure* (ὥρα). Dans la perspective johannique, ces deux thématiques revêtent un sens métaphorique qui suscite sans doute différentes interprétations. De manière succincte, à travers le symbolisme de « l'eau » et de « l'heure » en Jn 4, se laisse percevoir la révélation christologique de Jésus.

Quant au symbolisme de « l'heure », il nous nous projette dans une *intrigue*[149] qui laisse entrevoir une sorte *d'énigme* ou de *suspense* ! Dans la perspective johannique, cette stratégie consiste à dévoiler de manière progressive la véritable identité de Jésus, comme du reste nous l'avons déjà vu dans l'épisode de la rencontre de Jésus avec la femme Samaritaine. Une telle stratégie de dévoilement progressif de « l'heure » se présente sous la dialectique du « non-encore » et du « déjà-là » de l'heure de Jésus.

Ainsi donc, allons-nous étudier d'autres textes du quatrième évangile qui nous permettront de cerner le cadre et de mieux saisir le sens des métaphores de « l'eau » et de « l'heure » en Jn 4, 1-42.

3.1. La metaphore de « l'eau dans » le quatrieme Evangile

3.1.1. Jn 4, 7- 15: le dialogue de Jésus avec la femme Samaritaine

Le dialogue de Jésus avec la femme Samaritaine - mis à part l'épineuse question des

[149] « ''Intrigue'' est un terme difficile à saisir et toute définition court le risque d'être incomplète. Néanmoins, il est important de comprendre l'intrigue pour déterminer la structure, l'unité et le sens d'un récit. Elle est le principe structurant qui contribue à nous faire comprendre la signification d'un récit. Plus précisément, l'intrigue est la succession des événements ou des faits qui constituent le récit. Les événements comprennent des actions (ou des actes) qui entraînent des changements dans la situation des personnages. Il se peut aussi que l'action des personnages entraîne des changements dans la situation des événements du récit. Les actions d'un personnage sont ses activités physiques, ses paroles, ses pensées, ses sentiments et ses perceptions » : J. L. Resseguie, *L'exégèse narrative du Nouveau Testament. Une introduction* , 241.

maris(vv.16-19) et celle de *la véritable adoration* (vv.20-26) -, le thème de *l'eau vive* est bien mis en exergue(vv.7-15). C'est Jésus qui, le premier, aborde la femme Samaritaine en lui demandant de l'eau (7b); le dialogue s'ouvre donc autour de ce besoin ontologique. Pris par la soif, Jésus sollicite l'aide de la femme Samaritaine venue puiser de l'eau au puits (v.7a). Mais la requête de Jésus devient problématique du fait de la réponse de la femme (v.9).

Par la suite, l'on note aisément un dualisme entre *l'eau du puits* de Jacob et *l'eau vive* que donne Jésus: « Si tu savais le don de Dieu et qui est celui qui te dit : Donne-moi à boire, c'est toi qui l'aurais prié et il t'aurait donné de l'eau vive » (4,10). En effet, Jésus va emmener cette femme à passer du *sens littéral* (eau de source, eau courante) au *sens métaphorique* (salut). Elle est encore prisonnière d'une *conception matérielle* de l'eau comme une sorte d'un liquide précieux et magique, étant entendu qu'elle est en mesure d'alléger la corvée quotidienne du puisage de l'eau et de son transport[150]. En d'autres termes, il s'agira d'un passage d'une *compréhension mondaine* de l'existence à une *compréhension croyante*. Ainsi, la femme Samaritaine doit franchir le *premier niveau* de compréhensions (l'eau comme substance naturelle // Jésus comme un homme assoiffé) pour se hisser à un *second niveau* (sens métaphorique de l'eau // véritable identité de Jésus)[151]. Dans le quatrième évangile, et de manière plus spécifique en Jn 4, cette *eau vive* a une triple caractéristique[152](v.14): (a) *elle désaltère à jamais* (οὐ μὴ διψήσει εἰς τὸν αἰῶνα), (b) *elle devient source* (γενήσεται ἐν αὐτῷ πηγὴ ὕδατος), (c) *elle jaillit en vie éternelle* (ἁλλομένου εἰς ζωὴν αἰώνιον).

a) L'eau vive désaltère à jamais

Dans sa réplique, Jésus décline *une première qualité* de *l'eau vive* comme étant tout d'abord une *eau qui désaltère à jamais*: « Quiconque boit de cette eau-ci aura encore soif; mais celui qui boira de l'eau que je lui donnerai n'aura plus jamais soif » (v.14a). Il y a lieu de ne pas perdre de vue le premier critère d'appréciation mis en exergue ici et qui se trouve être le point de départ du

[150] Cf. J. ZUMSTEIN, *L'évangile selon saint Jean (1 - 12)*, 151.
[151] Cf. *Ibidem*, 149.
[152] Cf. *Ibid.*

récit: *la capacité de l'eau à étancher la soif* (vv.6-7).

L'eau du puits de Jacob, c'est-à-dire l'eau comme *substance liquide*[153], a la capacité de satisfaire un besoin ontologique naturel et nécessaire de l'homme; il étanche la soif mais pas une fois pour toutes: Πᾶς ὁ πίνων ἐκ τοῦ ὕδατος τούτου ***διψήσει πάλιν*** (« Quiconque boit de cette eau-ci aura *encore soif* ») (v. 13). Cette eau, comme substance purement naturelle, a un effet limité. Au contraire, *l'eau vive* que procure Jésus désaltère pour toujours: οὐ μὴ διψήσει εἰς τὸν αἰῶνα (v.14a). D'une part (Jacob) et d'autre (Jésus), la *qualité* de l'eau et son *effet* sont appréciés en termes d'*illimité* et de *limité*. Dès lors, l'équivoque qui suscitait une situation de rivalité entre Jacob est Jésus (μὴ σὺ μείζων εἶ τοῦ πατρὸς ἡμῶν Ἰακώβ) est levée[154]!

b) L'eau vive devient source

La *deuxième qualité* de *l'eau vive* réside dans son «devenir» en celui qui la reçoit: ἀλλὰ τὸ ὕδωρ ὃ δώσω αὐτῷ γενήσεται ἐν αὐτῷ πηγὴ (v.14b). Cette *eau vive* devient πηγὴ. Deux termes ont été utilisés pour les mots *puits* et *source*: φρέαρ (vv.11.12) et πηγὴ (vv.6.11). L'on pourrait en déduire que Jésus a utilisé de manière intentionnelle le vocable le mieux approprié et qui traduit au mieux l'eau vivifiante qui jaillit de la source (πηγὴ) (vv.6.11); tandis que la femme Samaritaine, dans son entendement, se réfère à l'eau ferme d'un puits (φρέαρ) (vv.11.12)[155].

c)L'eau vive jaillit en vie éternelle

La *troisième qualité* de *l'eau vive* se trouve toujours dans le changement de registre, c'est-à-dire dans son « devenir »: elle jaillit en *vie éternelle* (ὕδατος ἁλλομένου εἰς ζωὴν αἰώνιον) (v.14b). Il existe donc un lien très étroit entre la réception de *l'eau vive* que procure Jésus et l'accès à la

---

[153] P. ROBERT - J. REY-DEBOVE , *Le Petit Robert 2013 : dictionnaire alphabétique et analogique de la langue française*, Le Robert, Paris 2013, 799.
[154] « Sur la base de ce qui a été dit au sujet de ceux-là qui boivent l'eau naturelle, Jésus fait une autre déclaration à portée universelle, mais avec un léger changement dans la forme du verbe qui donne une plus grande efficacité à ses paroles. Le passage du participe du v.13 (Πᾶς ὁ πίνων) un subjonctif aoriste du v.14 (ὃς δ' ἂν πίῃ) indique un boire définitif, fait une fois pour toutes, qui élimine la nécessité d'un continuel retour à la source de l'eau » (notre traduction de l'italien) : F. J. MOLONEY, *Il Vangelo di Giovanni*, vol.4, Editrice Elledici, Torino 2007, 107.
[155] *Ibidem*, 107.

plénitude de la vie (ζωὴν αἰώνιον). Il sied de mentionner que dans la perspective johannique, le sens premier du concept d'*éternité* n'est pas lié au *temporel*. Dans cette perspective, l'expression ζωὴν αἰώνιον implique l'absence de limite.

Dans le quatrième évangile, l'expression johannique εἰς ζωὴν αἰώνιον ne signifie un état de bonheur éternel après la mort. Au contraire, elle signifie réellement *la plénitude de la vie* hic et nunc (cf. 6, 51.58; 8,35.51-52; 10,28;11,26; 12,34; 13,8; 14,16). C'est d'ailleurs en ce sens que le Jésus johannique affirmera: « Or, la vie éternelle, c'est qu'ils te connaissent, toi, le seul vrai Dieu, et celui que tu as envoyé, Jésus Christ » (Jn 17,3)[156].

3.1.1.1.Jn 1, 19 - 34: les eaux du Jourdain

L'épisode se déroule à Béthanie, dans l'autre rive du Jourdain. Et c'est ici que commence le symbolisme de l'eau dans le quatrième évangile[157]. Il est à noter que le Baptiste johannique a des parallèles synoptiques: *la prophétie d'Isaïe* 40, 3 (Jn 1, 23 // Mc 1, 3; Mt 3, 3; Lc 3, 4), *l'annonce de celui qui vient* (Jn 1, 27 // Mc 1, 7 - 8; Mt 3, 11; Lc 3, 16), *le baptême de Jésus* (Jn 1, 32 - 34 // Mc 1, 9 - 11; Mt 3, 13 - 17; Lc 3, 21 - 22). Il y a une opposition flagrante entre le baptême de Jean et le baptême de Jésus, c'est-à-dire entre le *baptême dans l'eau* et le *baptême dans l'Esprit*: « Je suis venu baptiser dans l'eau », affirme Jean et plus loin :« Celui sur qui tu verras l'Esprit descendre et demeurer, c'est lui qui baptise dans l'Esprit Saint. Et moi j'ai vu et je témoigne que celui-ci est l'Élu de Dieu »(1,33-34).

Le baptême de Jean le Baptiste, c'est-à-dire le *baptême dans l'eau* est sans doute un rite de purification préfigurant l'avènement de la Nouvelle Alliance annoncée par les prophètes[158]. De ce fait, dans la perspective de Jn 4, *l'eau du Baptiste* (1,26b) pourrait être mise en parallèle avec *l'eau*

---

[156] « On peut trouver un point de départ tout indiqué dans la phrase où l'évangéliste exprime le but de son ouvrage : ἵνα πιστεύοντες ζωὴν ἔχητε (''Pour qu'en croyant, vous ayez la vie'') (20, 31). C'est en fait pour cela que le Christ est venu dans le monde : ἐγὼ ἦλθον ἵνα ζωὴν ἔχωσιν (''Je suis venu pour qu'ils aient la vie'') (10, 10). La ''vie'' est donc le thème majeur du livre » : C. H. DODD, *L'interprétation du quatrième évangile,* Lectio Divina 82, Les Editions du Cerf, Paris 1975, 189.
[157] Cf. J. ZUMSTEIN, *L'évangile selon saint Jean (1 - 12)*, 70 - 83; Cf. L.P. JONES, *The Symbol of Water in the Gospel of John*, Sheffield 1977.
[158] J. ZUMSTEIN, « Jean Baptiste dans l'Evangile de Jean », in *Le Monde de la Bible* 89(1994), 18-20.

du puits de Jacob (4,12-13): elle est une *préfiguration* du salut eschatologique apporté par le Christ. C'est dire que la figure du Baptiste s'inscrit dans cette perspective de *l'espérance messianique*[159] dont a fait mention la femme Samaritaine: « Je sais que le Messie doit venir (celui qu'on appelle Christ); quand il sera venu, il nous annoncera toutes choses» (cf. Jn 4,25). Et c'est en ce sens que *le baptême de repentance* revêt une dimension eschatologique, avec une connotation messianique.

En définitive, l'on peut dire que le récit de Jn 1, 19-51 nous met non seulement en face de la première manifestation de la gloire de Jésus aux noces de Cana de Galilée, mais encore il nous donne de percevoir la véritable identité de celui-là même qui vient d'accomplir son premier *signe*. Ainsi donc, l'identité de Jésus se résume en la *nouveauté* qu'il vient instaurer et qui se résument en trois aspects: Jésus comme *nouveau* lieu de la révélation du Père, Jésus comme *nouveau* lieu de la présence du Père, Jésus comme *nouveau* temple eschatologique[160]. Voilà pourquoi, dès le début de l'évangile johannique, dans le récit de la purification du Temple (Jn 2, 13-22), Jésus évoquera un autre temple à édifier à son heure; un nouveau temple non fait de mains d'hommes.

3.1.1.2.Jn 2, 1 - 12: les noces de Cana

L'épisode des noces de Cana est la première action du Jésus johannique et constitue, du reste, le début de son activité publique[161]. Ici encore, il y a opposition entre: *l'eau des jarres de purification*[162] et *le vin*. Ainsi donc l'eau vient à symboliser aussi une *réalité sacramentelle*[163]: comme don gratuit de Dieu fait à l'homme, l'eau transformée en vin revêt dès lors une double

[159] « Dans le judaïsme d'alors, une spéculation circulait selon laquelle le Messie vivrait incognito de son peuple avant de se révéler. ... M. DE JONGE identifie les deux attentes traditionnelles suivantes : ''On trouve la première dans 1 Hénoch, 4 Esdras et 2 Baruch où une préexistence du Messie ... dans le ciel est présupposée. Il apparaîtra au temps fixé et il est certain qu'il viendra, car il est déjà là, quoique caché aux mortels. A côté de cela, il y a une conception selon laquelle le Messie est déjà sur terre, incognito et même lui ne sait pas qui il est .... Jean 1,26 semble présupposer la seconde conception''. On trouve également une trace de cette conception d'un Messie caché chez Justin, *Dialogue avec Tryphon* VIII,4: ''Si le Christ est né et demeure quelque part, il est inconnu, il se ne connaît pas lui-même et n'a aucun moyen de se faire connaître. Il faut d'abord que Elie vienne lui donner l'onction sainte et le révèle à la terre »: *Ibidem*, 76.

[160] Cf. C. COULOT, « Le témoignage de Jean-Baptiste et la rencontre de Jésus et de ses premiers disciples (Jn 1, 19-51). Approches diachroniques et synchroniques », : Association Catholique Française pour l'Etude de la Bible, *Origine et postérité de l'Evangile de Jean*, Lectio Divina 143, Les Editions du Cerf, Paris 1990, 225-238.

[161] Cf. *Ibidem*, 93 - 99.

[162] Cf. Y. MAGEN-O. RIMON, *Purity' Broke Out in Israel. Stone Vessels in the Late Second Temple Period*, University of Haifa, Haifa 1994.

[163] Cf. O. CULLMANN, *Les sacrements dans l'Évangile johannique : la vie de Jésus et le culte de l'Église primitive*, Presses universitaires de France, Paris 1951.

fonction: par permet la manifestation de la gloire de Jésus et suscite la foi des disciples.

La transformation de *l'eau* en *vin*[164]: (v.9) symbolise le début de l'ère eschatologique comme avènement du salut. De ce fait, ce premier *signe* de Jésus à Cana de Galilée (v.11a) est un événement de révélation: l'eau transformée en vin a une portée christologique; elle indique la véritable identité du λόγος incarné: il est le révélateur du Père et le donateur de vie éternelle. Et l'essence de cette révélation christologique est la δόξαν (la gloire) (v.11b), c'est-à-dire la présence divine, dans une perspective sotériologique[165].

Le *signe* de Cana peut être mis en relation avec la tradition vétérotestamentaire juive. Et c'est à ce niveau qu'on trouve le lien intrinsèque existant entre Jn 2, 1-12 et Jn 4, 4-15. En effet, dans la tradition vétérotestamentaire, les métaphores des *noces* et du *vin* en abondance évoquent la fin des temps et la venue du Messie: métaphore des *noces* (Es 54,4-8; 62,4-5), métaphore du *vin* en surabondance (Es 25,6; Am 9,13; Os 2,24; Jr 31,5). Toutes ces données vétérotestamentaires sont des préfigurations de la venue du Messie et de l'accomplissement eschatologique. Et c'est en cela que ce premier *signe* de Jésus à Cana de Galilée constitue une sorte de *soubassement* de sa révélation christologique en Jn 4.

3.1.1.3.Jn 3, 1 – 21 : le dialogue de Jésus avec Nicodème

La scène se situe à Jérusalem. Nicodème vient voir Jésus de nuit (v.2)[166]. La question fondamentale de l'entretien de Jésus avec Nicodème[167] est celle de *l'accès au salut* (vv.1-3). La

[164] « Si la tradition vétérotestamentaire juive permet de décoder le motif du vin en abondance, celui de la transformation de l'eau en vin a son plus proche parallèle dans la légende de Dionysos, le dieu du vin. Cette transformation de l'eau en vin, liée au nom de Dionysos, était considéré comme une épiphanie du divin. Lors de la fête de ce dieu, célébrée du 5 au 6 janvier, ''certains miracles 'miracles' se produisaient. Ainsi, à Andros e à Theos, les fontaines du temple de ce dieu laissaient couler du vin au lieu de l'eau habituelle ; à Ellis, la veille de la fête, on plaçait dans le temple trois jarres vides et, le lendemain matin, on les trouvait pleines de vin''. De plus, ce culte n'était pas seulement connu hors de Palestine, il était également en Galilée et dans la Décapole (traces archéologiques à Beth Shean et à Sepphoris) si bien que tout auditeur/lecteur potentiel de l'évangile, que ce soit dans l'aire syro-palestinienne ou en Asie-Mineure, pouvait associer Jésus de Cana et le dieu Dionysos. Le récit johannique ne comporte cependant aucun accent polémique qui trahirait une situation de concurrence entre Jésus johannique et Dionysos et qui soutiendrait l'idée que le signe de Cana serait destiné à montrer la supériorité du Christ sur le dieu païen » :J. ZUMSTEIN, *L'évangile selon saint Jean (1 - 12)*, 95.

[165] Cf. *Ibidem*, 99.

[166] *Ibidem*, 114. Le motif de la venue de nuit a suscité des interprétations diverses et variées : (1) peur des juifs (BAUER); (2) la nuit symbolisant l'ignorance, l'incrédulité, le péché (BROWN, BARRET, WILCKENS, SCHNACKENBURG) ; (3) pour les rabbis, la nuit est considérée comme un temps privilégié pour l'étude été les

démarche de Nicodème (v.2) sous-tend une attitude de quête, de recherche. Dans ce dialogue entre Jésus et Nicodème, *maitre en Israël*, il est question *renaître* de *l'eau et de l'Esprit*: « À moins de renaître d'eau et d'Esprit nul ne peut entrer dans le Royaume de Dieu »(3,3). Le binôme EAU/ESPRIT a une dimension sacramentelle[168].

L'expression « renaitre d'eau et d'Esprit » vient à désigner le baptême chrétien. Ce dernier se distingue du baptême de Jean-Baptiste, par l'effusion de l'Esprit. Xavier LEON-DUFOUR considère γεννηθῇ ἐξ ὕδατος καὶ πνεύματος (v.5) comme un *hendiadys* qu'il faudrait traduire par « d'eau qui est Esprit »[169]. Dans ce même ordre d'idée de l'auteur, ladite expression renverrait à Ez 36, 25 – 27: « Je ferai sur vous une aspersion d'eau pure et vous serez purs; je vous purifierai de toutes vos impuretés et de toutes vos idoles. Je vous donnerai un cœur neuf et je mettrai en vous un esprit neuf; j'enlèverai de votre corps le cœur de pierre et je vous donnerai un cœur de chair ».

A l'instar de l'épisode de la rencontre de Jésus avec la femme Samaritaine, l'entretien de Jésus avec Nicodème met en évidence la question fondamentale du salut d'une part et d'autre part la véritable connaissance de l'homme Jésus[170]. En définitive, à la question de Nicodème ayant trait au salut, Jésus répond en révélant que le salut ne saurait nullement relever des seules possibilités de l'être humain; il est plutôt *œuvre de l'Esprit* (vv.5-8). En rapport avec Jn 4, 1-42 où il est fait mention de ζωὴν αἰώνιον (v.14), dans l'entretien de Jésus avec Nicodème (Jn 3, 1-22), nous trouvons l'expression ζωὴ αἰώνιος (*vie éternelle*) (v.15). Cette terminologie vient substituer le thème de la *nouvelle naissance* déjà énoncé plus haut (v.3: ἐὰν μή τις γεννηθῇ ἄνωθεν). Cette *vie éternelle* (ζωὴ αἰώνιος) est un « don » de l'amour de Dieu au monde (τὸν κόσμον) qui consiste dans le don du Fils unique: Οὕτως γὰρ ἠγάπησεν ὁ θεὸς τὸν κόσμον ὥστε τὸν υἱὸν τὸν μονογενῆ

discussions (BILL) ; (4) la nuit comme temps du secret : c'est dans le secret que le prophète dévoile les secrets du Royaume de Dieu (JEREMIAS).

167 Etant fréquent aussi bien chez les Grecs que dans la tradition juive, le nom de Nicodème signifie, suivant son étymologie, « peuple victorieux ». dans le quatrième évangile, on retrouve aussi ce personnage en 7, 50 – 52 et en 19, 39 : en 7, 50, il est considéré comme *membre des autorités* tandis qu'en 19, 36 il se présente comme un *disciple secret* de Jésus (cf. *Ibidem*, 113).

168 Cf. G. BIENAIME, « L'annonce des fleuves d'eau vive en Jean 7,37-39 », *Revue Théologique de Louvain* 21 (1990), 281-310; 417-454.

169 Cf. J. ZUMSTEIN, *L'évangile selon saint Jean (1 - 12)*, 115.

170 *Ibidem116* - 118.

ἔδωκεν, ἵνα πᾶς ὁ πιστεύων εἰς αὐτὸν μὴ ἀπόληται ἀλλὰ ἔχῃ ***ζωὴν αἰώνιον*** (« Car Dieu a tant aimé le monde qu'il a donné son Fils unique, afin que quiconque croit en lui ne périsse pas, mais qu'il ait ***la vie éternelle*** » (v.16).Et le point culminant de ce « don » de Dieu réside dans le mystère de la croix. En définitive,

> La révélation dont le Jésus johannique rend compte ... se décline ... (à travers) le don divin se concrétise dans une personne historique, identifiée au Fils de l'homme (3, 13-15). Ce titre permet de découvrir la trajectoire christologique : son origine auprès de Dieu, sa venue et son retour auprès du Père par l'élévation à la croix. Cette trajectoire qui qualifie la vie et la mort du Jésus johannique n'a de sens que parce qu'elle apporte la vie en plénitude à quiconque veut bien l'accueillir[171].

3.1.1.4.Jn 5, 1 - 18: à la piscine de Bethesda

La guérison du paralytique a eu lieu à la piscine de Bethesda[172], un jour de sabbat. Il est question de l'eau agitée qui guérit: « Le premier à entrer dans l'eau après qu'elle avait été agitée se trouvait guéri, quel que fût son mal » (v.4). Notons au passage qu'il existe un récit de même nature dans la tradition synoptique (Mc 2, 1 - 12). Toujours est-il que, au-delà des similitudes qu'on peut relever çà et là, l'intrigue diffère fortement surtout en ce qui concerne la portée théologique des deux récits[173]: pour Marc, le centre théologique du récit est à situer au niveau du *pouvoir de Jésus de pardonner les péchés*; par contre, chez Jean, la portée théologique est à chercher au niveau de *l'autorité eschatologique de Jésus sur la vie*. Par ailleurs, il existe un parallélisme entre l'épisode de *la guérison du paralytique* (Jn 5, 1 - 18) et celui de *la guérison de l'aveugle de naissance* (Jn 9, 1 - 42). Entre autre, l'on note que dans les deux récits, le miracle s'est produit à *Jérusalem*, dans une *piscine*, un jour de *sabbat*. De même, *l'identité de Jésus* fait l'objet d'une révélation progressive.

---

[171] *Ibidem*, 125.

[172] « La piscine de Bethesda se situait à l'est de la porte des Brebis, c'est-à-dire au nord-est du Temple - cette porte tirait son nom du fait qu'on y rassemblait les brebis destinées au sacrifice (Ne 3, 1.32 ; 12, 39) -, dans un vallon latéral au cours du Cédron. Les fouilles ont mis au jour deux bassins. Le premier, situé au nord, date de l'époque préexilique (cf. Es 7, 3 ; 36, 2 ; 2R 18, 17). Le second a été construit à l'époque hellénistique, du vivant du grand prêtre Simon II (cf. Si 50, 3). Les bassins étaient creusés en partie dans le rocher. Ils recueillaient l'eau de pluie et étaient peut-être alimentés par une source souterraine ... A proximité immédiate de ces deux bassins - et toujours à l'époque hellénistique - furent aménagées des installations pour le bain. La chute de Jérusalem et les destructions qui s'ensuivirent provoquèrent l'arrêt de l'exploitation de la piscine» : *Ibidem*, 180 - 181.

[173] Cf. *Ibidem*, 179.

Le récit johannique sur la guérison du paralytique montre bien que des vertus thérapeutiques étaient attribuées à l'eau de la piscine. Toutefois, en prenant l'initiative de guérir le paralytique (v.8), Jésus démontre que ce n'est nullement *l'eau de la piscine* qui est en mesure de le guérir, mais plutôt *l'eau vive* que Jésus lui-même donne (cf. Jn 4, 7 - 14). Et c'est dans cette perspective que se trouve le lien unissant l'épisode du paralytique raconté en Jn 5, 1-18 et le récit de la rencontre de Jésus avec la femme Samaritaine en Jn 4, 1-42. En effet, le miracle accomplit par Jésus révèle sa véritable identité : il est *donateur de vie* (v8: Ἔγειρε; v.21: ἐγείρει, ζῳοποιεῖ).

3.1.1.5.Jn 6, 16 - 21: la marche de Jésus sur les eaux

Jésus marche sur les eaux du lac de Galilée. Quand on se réfère à l'A.T., l'on perçoit une portée théologique bien nette de cette marche de Jésus sur les eaux: elle est le symbole de l'autorité de Dieu sur la mer, étant entendu que dans cette culture, la mer est l'image du chaos (cf. Gn 1, 2; Ex 14, 21 - 31; Jos 3, 14 – 16 ; 2 R 2, 7 - 8.14; Ps 77, 20; Jb 9, 8; 38, 16; Si 24, 5 - 6)[174]. Comme l'illustre bien l'épisode de la traversée de la mer Rouge par les Israélites, cette autorité divine revêt aussi une protée sotériologique: par le fait de marcher sur les eaux de la mer en furie, Jésus partage ainsi la pleine souveraineté de Dieu. Il révèle ainsi son identité divine.

De la même manière que Jésus révèle son identité en Jn 4, de même la marche de Jésus sur les eaux est une *épiphanie*: ce n'est pas la délivrance de ses disciples qui est sa préoccupation première, mais bien plus la révélation de sa véritable identité divine. Face à la frayeur de ses disciples, Jésus leur parle pour dissiper leur peur: Ἐγώ εἰμι(v.20). Cette expression n'est pas à considérer comme étant une simple *identification* de la personne de Jésus, mais bien plus comme une parole de *révélation* qui donne sens à la marche sur les eaux. Il existe ici un lien avec le langage vétérotestamentaire (LXX) par lequel YHWH s'identifie: Ἐγώ εἰμι est sans prédicat et a une valeur absolue (Ex 3, 14; Es 43, 10.25; 51, 12; 52, 6). En la personne de Jésus se révèle la plénitude de Dieu sous la forme d'un acte libérateur.

---

[174] Cf. *Ibidem*, 217.

3.1.1.6.Jn 7, 37 - 39: à la fête des Tentes

En Jn 7, dans le contexte de la fête des Tentes, il est question de l'eau qui étanche la soif et de l'eau vive qui sortira du sein du Christ ou du croyant: « Si quelqu'un a soif qu'il vienne et qu'il boive celui qui croit en moi. Selon le mot de l'Écriture : de son sein couleront des fleuves d'eau vive. Il parlait de l'Esprit que devaient recevoir ceux qui croiraient en lui »(7,37-38). C'est au temple, dans le contexte de la fête des Tentes, après la procession qui remontait de la piscine de Siloé où l'eau avait été puisée, que Jésus fait cette déclaration.

La déclaration de Jésus comporte deux affirmations parallèles[175]: « Si quelqu'un a soif, qu'il vienne à moi et qu'il boive celui qui croit en moi » (vv.37b.38a). L'invite de Jésus a ses parallèles dans la littérature sapientiale (cf. Pr 9, 1 - 6; Si 24, 19 - 22; 51, 23 - 24). En lieu et place de la Sagesse, Jésus lui-même endosse le rôle de cette dernière pour inviter au « banquet » de *la vie éternelle* ou mieux de la *plénitude de la vie.* Au v.38b, l'on voit nettement que Jésus opère ici un recadrage fort bien saisissant de ces allusions scripturaires: l'eau vive qui, jadis, jaillissait de la source du Temple ou du rocher au désert par l'intermédiaire de Moïse, est désormais associée à sa propre personne. Jésus lui-même apparaît comme la source de la vie, de laquelle s'écoule avec abondance infinie l'eau vive, la vie éternelle. Cette eau vive de l'A.T. étant le symbole de la Torah ou de la Sagesse, Jésus est donc le *lieu* d'où jaillit la révélation divine[176].

On voit nettement que Jn 7, 37-39 est en parallèle avec l'épisode de la rencontre de Jésus avec la femme Samaritaine en Jn 4 et plus précisément au v. 14. Dans le Proche-Orient Ancien, l'eau symbolisait la vie par excellence. De même, chez les prophètes, l'eau symbolise l'avènement du salut (Ex 12,3; 4,20; 44,3; 55,1). A travers cette interprétation sotériologique du symbolisme de l'eau, se décline l'identité de Jésus comme étant *source de vie* (v.37). Dès lors, cette « offre » de Jésus revêt un caractère universel qui est bien mis en évidence par l'emploi du pronom indéfini τις

---

[175] *Ibidem*, 269 - 270.

[176] Cf. *Ibidem*, 270 ; G. BIENAIME, « L'annonce des fleuves d'eau vive en Jean », in *Revue Théologique de Louvain* 21(1990), 281-310.417-454 ; M.-E. BOISMARD, « De son ventre couleront des fleuves d'eau », in *Revue Biblique* 65(1958), 523-546.

(« quelqu'un »). Toujours est-il qu'il y a un préalable pour avoir accès à cette « offre » qui provient de la *source de vie*: c'est la foi (ὁ πιστεύων εἰς ἐμέ).

3.1.1.7.Jn 9, 1 – 41: à la piscine de Siloé

Au chapitre 9, dans la scène de la guérison de l'aveugle-né à Jérusalem, il est question de l'eau de Siloé[177]. Or ce dernier terme devient un titre christologique. L'œuvre de Dieu consiste, par la révélation christologique, à faire passer le monde des ténèbres à la lumière.

Au v.7a, Jésus ordonne à l'aveugle-né d'aller se laver à la piscine de Siloé[178]. Cette injonction fait noter un rapport d'intertextualité car faisant écho au récit de la guérison de Naaman par le prophète Elisée: le chef de l'armée du roi d'Aram avait été prié d'aller se laver sept fois dans le Jourdain pour être délivré de sa lèpre (cf. 1R 5, 10 - 14). Il y a lieu de faire ici deux considérations: d'une part, le *lieu* de la guérisons (Siloé) est mis en relation avec l'aspect christologique de l'envoyé; d'autre part, *l'eau* est inséparable de la personne de Jésus qui est le véritable guérisseur[179].

Comparé l'épisode de Jn 4, 1-42 où Jésus s'est révélé à la femme Samaritaine, le récit de la guérison de l'aveugle-né révèle l'identité de Jésus comme *l'envoyé* (τοῦ πέμψαντός με) qui doit accomplir les *œuvres* (τὰ ἔργα) du Père (v.4). C'est en sa qualité d'*envoyé de Dieu* que Jésus guérit l'aveugle-né. C'est dire que le geste posé par Jésus a une signification théologique. En effet, l'œuvre de Dieu s'accomplit dans la révélation christologique: faire passer le monde des ténèbres à la lumière.

---

[177] « Cette piscine était située sur le flanc sud-ouest de la colline de la vieille ville ; elle était alimentée par la source de Guichon, amenée par un tunnel (2R 20, 20; Ex 22, 11). Elle servait aux ablutions. C'est également à la piscine de Siloé que l'on allait chercher de l'eau pour le rite de la libation de l'eau à l'occasion de la fête des Tentes. A l'époque du Second Temple, l'eau de la piscine de Siloé avait la réputation d'être particulièrement pure et, à en croire Jn 9, 7, possédait un pouvoir thérapeutique » : J. ZUMSTEIN, *L'évangile selon saint Jean (1 - 12)*, 319.

[178] L. DEVILLERS, « Une piscine peut en cacher une autre : à propos de Jean 5,1-9a. », in *Revue Biblique* 106 (1999) 175-205.

[179] Cf. J. ZUMSTEIN, *L'évangile selon saint Jean (1 - 12)*, 319.

3.1.2. Schéma récapitulatif du cadre et de la portée de la métaphore de « l'eau » en Jn

Les textes johanniques étudiés (1, 19-34; 2, 1-12; 3, 1-12; 5, 1-18; 6, 16-21; 7, 37-38; 9, 1-41) nous ont permis de mieux cerner le cadre et la portée de la triple caractéristique de « l'eau vive » en Jn 4,14: (a) *l'eau qui désaltère à jamais* (Jn 1,19-34 ; 2,1-12), (b) *l'eau qui devient source* (Jn 5,1-18; 9,1-41; 6,16-21), (c) *l'eau qui jaillit en vie éternelle* (Jn 3,1-12 ; 7,37-38).

a) L'eau qui désaltère à jamais (Jn 1,19-34; 2,1-12): cette *première qualité* de *l'eau vive* en Jn 4 renvoie à l'épisode du Baptême de Jésus (Jn 1,19-34) et à l'épisode des noces de Cana (Jn 2,1-12). Mis en parallèle avec l'eau du puits de Jacob en Jn 4,12-13, le Baptême de Jean dans les eaux du Jourdain est un rite de purification préfigurant l'avènement du salut eschatologique. Il revêt ainsi une connotation messianique dont a fait mention la femme Samaritaine (cf. Jn 4,25). En transformant « l'eau » en « vin » (v.9), Jésus inaugure l'avènement de l'ère eschatologique. Ce premier « signe » de Jésus à Cana de Galilée a une double connotation: manifester la gloire de Jésus et susciter la foi des disciples. L'eau transformée en vin a une portée christologique car elle indique la véritable identité de Jésus: il est le révélateur du Père et donateur de *vie éternelle.*

b) L'eau qui devient source (Jn 5,1-18; 9,1-41; 6,16-21): cette *deuxième qualité* de *l'eau vive* en Jn 4 renvoie à la guérison de paralytique à la piscine de Bethesda (Jn 5,1-18), à la guérison de l'aveugle-né (Jn 9,1-41) et à la marche de Jésus sur les eaux (Jn 6,16-21). La portée théologique du miracle accomplit par Jésus en Jn 5,1-18 met en exergue le pouvoir de Jésus sur la vie. En prenant l'initiative de guérir le paralytique (v.8), Jésus révèle ainsi sa supériorité de « l'eau vive » (cf. Jn 4,7-14) sur l'eau de la piscine à laquelle on attribuait des vertus thérapeutiques. C'est parce que Jésus lui-même est « donneur de vie » (vv.8-21). La guérison de l'aveugle-né en Jn 9,1-41 manifeste l'œuvre de Dieu qui se réalise dans la révélation christologique et consiste à faire passer le monde des ténèbres à la lumière. En marchant sur les eaux (Jn 6,16.21), Jésus révèle aussi sa véritable identité divine. Il partage ainsi la souveraineté de Dieu son Père.

***c) L'eau qui jaillit en vie éternelle (Jn 3,1-12; 7,37-38)*:** cette *troisième qualité* de *l'eau vive* en Jn 4 renvoie à l'épisode de l'entretien de Jésus avec Nicodème (Jn 3,1-12) et au récit de la fête des Tentes (Jn 7,37-38). Comme du reste dans l'épisode de la rencontre de Jésus avec la femme Samaritaine en Jn 4, dans l'épisode de l'entretien de Jésus avec Nicodème en Jn 3,1-12 la « vie éternelle » (v.15) est présentée comme un « don » de l'amour du Père qui se réalise dans le « don » du Fils unique. Ce « don » atteint son point culminant dans le mystère de la croix. En Jn 7, « l'eau vive » est présentée sous deux formes: (1) elle étanche la soif et (2) elle est « eau vive » qui jaillira du sein du Christ ou du croyant qui la reçoit (vv.37-38). En effet, cette « eau vive » qui jaillissait jadis de la source du Temple ou du rocher par l'intermédiaire de Moïse, est associée dorénavant à la personne de Jésus lui-même comme « source d'eau vive qui jaillit en vie éternelle ».

3.2. LA METAPHORE DE « L'HEURE » DANS LE QUATRIEME EVANGILE

En touchant du doigts l'épineuse question de la « véritable adoration » avec la femme Samaritaine, Jésus évoque une « heure » (vv.21-22.23). Et l'affirmation de Jésus au v.23a - ἔρχεται ὥρα καὶ νῦν ἐστιν (« l'heure vient et elle est déjà venue ») - semble paradoxale car alliant à la fois deux aspects contraire, à savoir une réalité du futur et une autre du présent[180]. Cette tension est bel et bien une caractéristique de « l'heure eschatologique ». En effet, cette « heure » ne se laisse pas phagocyter dans un carcan du passé. Bien au contraire, étant advenue en la personne de Jésus, cette « heure » est constamment présente en ce qu'elle vient toujours à nouveau. C'est la raison pour laquelle dans la perspective johannique, le Jésus qui est venu est celui qui vient (cf. Jn 14, 18; 2 Jn 7). En d'autres termes, dans le quatrième évangile, la métaphore de « l'heure » se dit en termes de « *non encore* » et de « *déjà là* ».

3.2.1. De la notion de « temps » dans le Nouveau Testament

La conception du temps diffère selon les cultures données. Chez les philosophes en général et dans la mémoire collective du monde grec, on dénote une certaine « dépréciation » du temps. La

[180] Cf. *Ibidem*, 155.

conception juive du temps dénote une certaine originalité du fait qu'il soit défini d'après son contenu: *objet d'expérience vécue, perçu comme une réalité concrète, le temps n'est pas quantitatif et abstrait, mais qualitatif.*

3.2.1.1.Le temps comme χρόνος[181]

Le mot χρόνος se retrouve 54 fois dans le N.T. dont 24 fois dans les écrits lucaniens[182]. D'une manière succincte, l'on peut dire que dans le N.T., le terme χρόνος indique *la durée, le lapse de temps* (cf. Lc 8, 27; 23, 8; Ac 8, 11; 14, 3; 27, 9; Mt 2, 7).

En Ga 4, 4, la *plénitude* du χρόνος (τὸ πλήρωμα τοῦ χρόνου) correspond au καιρός de l'histoire universelle. Néanmoins, la plénitude du χρόνος n'est pas à considérer dans le sens strict du cours du temps parvenu à sa fin. Bien au contraire, celle-ci signifie que: avec l'avènement salvifique du Christ, le χρόνος a atteint sa fin à l'« intérieur » de l'histoire de l'humanité.

3.2.1.2. Le temps comme καιρός[183]

Dans le Nouveau Testament, le mot καιρός apparaît 84 fois[184]. Traduit par les vocables temps, moment, instant, le mot καιρός a la même racine que: εὐκαιρέω (cf. Mc 6, 31; Ac 17, 21; 1Co 16, 12); εὐκαιρός (cf. Mc 6, 21; He 4, 16); εὐκαιρως (cf. Mc 6, 31s; 14, 11; 2Tm 4, 2); ἀκαιρως (cf. 2Tm 4, 2); πρόσκαιρός (cf. Mc 4, 17; Mt 13, 21; 2Co 4, 18; He 11, 25).

Dans le Corpus Paulinien, le concept de καιρός revêt une signification bien particulière: c'est celle de l'avènement du présent eschatologique grâce à la mission salvifique du Christ (cf. 2Co 6, 2). Par ailleurs, le concept de καιρός se révèle comme interprétation du futur comme déterminé par le présent et du présent comme déterminé par le futur. Le vocable καιρός est aussi considéré sous l'angle du Jugement et/ou Parousie (cf. 2Co 4, 5; Ga 6, 9; 1Tm 5, 1). Dans cette perspective, le

---

181 Cf. H. HUBNER, "χρόνος", in O. SOFFRITTI (a cura di), *Dizionario Esegetico del Nuovo Testamento*, volume II, 1958 - 1961; J. COTE, *Cent mots-clés de la théologie de Paul*, Novalis, Ottawa 2000, 442.

182 Lc (07), Ac (17), Jn (04), 1P (04), Ap (04), Mt (03), He (03), Mc (02), Rm (02), 1Co (02), Ga (02), 1Th (01), 2Tm (01), Tt (01), Jg (01).

183 Cf. J. BAUMGARTEN, "καιρός", in O. SOFFRITTI (a cura di), *Dizionario Esegetico del Nuovo Testamento*, volume I, 1862 - 1869; J. COTE, *Cent mots-clés de la théologie de Paul*, Novalis, Ottawa 2000, 441 - 443.

184 Mc (05), Mt (10), Lc (12), Jn (03), Ac (09), lettres pauliniennes (18), deutéro-pauliniennes (06), lettres pastorales (07), He (04), 1P (04), Ap (05), cf. O. SOFFRITTI (a cura di), *Dizionario Esegetico del Nuovo Testamento*, volume I, 1862.

καιρός est considéré comme le point de départ de l'événement du Christ (cf. 1Co 10, 11).

Chez l'auteur du quatrième évangile, on retrouve rarement le mot καιρός. Ainsi, en Jn il existe une différence nette entre « mon temps » et « votre temps »: « *Mon temps* n'est pas encore venu, mais *votre temps* est toujours prêt» (Jn 7, 6) // « Montez, vous, à cette fête; pour moi, je n'y monte point, parce que mon temps n'est pas encore accompli » (Jn 7, 8). Le « non-encore » du καιρός de Jésus va de pair avec le « non-encore » de sa Passion-Mort-Résurrection.

3.2.1.3. Le temps αἰῶνιος[185]

L'adjectif αἰῶνιος apparaît 70 fois dans le N.T. : synoptiques (13), Jn (17), 1Jn (06), écrits pauliniens (11), He (06). Par ailleurs, on y retrouve aussi l'expression ζωή αἰῶνιος (*vie éternelle)* avec une récurrence de 43 fois. Il existe également d'autres expressions quasi similaires comme: χρόνοι αἰώνοι (*temps éternels*: 2Tm 1, 9; Tt 1, 2b; Rm 16, 25); τὸ πῦρ τὸ αἰώνιον (*le feu éternel*: Mt 25, 41); δόξα αἰῶνιος (*gloire éternelle*) // αἰώνιον βάρος δόξης (*poids éternel de gloire*) (2Co 4, 18).

Dans le N.T., αἰῶνιος a une triple référence[186]: (a) l'éternité de Dieu et sa sphère, (b) les biens du salut eschatologique, (c) les conditions ou situations permanentes sans commencement ni fin.

a) Attribué à Dieu, αἰῶνιος souligne la validité et l'autorité permanente qui incombe à Dieu, au-delà de tous les temps (cf. Gn 21, 33 LXX; Rm 16, 26).

b) Les biens du salut eschatologique: la rédemption à la fin des temps accomplie par le Christ (αἰῶνιος κληρονομία: *héritage éternel*). Il s'agit du *salut permanent* de la fin des temps: διαθήκη αἰωνίος (*alliance éternelle*: He 13, 20; cf. Gn 13, 9 LXX; Ex 31, 16 LXX); αἰωνίος βασιλεία (*royaume* éternel: 2P 1, 11); εὐαγγέλιον αἰώνιον (*évangile éternel*: Ap 14, 6). Le concept de *salut permanent* est mis en opposition à celui de *salut provisoire* (cf. He 9, 15).

c) Dans la locution stéréotype χρόνοι αἰῶνιοι, le terme αἰῶνιοι fait référence à la notion de temps dans sa continuité (forme de périodes infinies), c'est-à-dire à la *priorité absolue* de l'action

---

[185] Cf. H. BALZ, "αἰῶνιος", in O. SOFFRITTI (a cura di), *Dizionario esegetico del nuovo Testamento*, volume I, 122 --127; J. COTE, *Cent mots-clés de la théologie de Paul*, Novalis, Ottawa 2000, 442.

[186] Cf. . H. BALZ, "αἰῶνιος"., 123.

révélatrice de Dieu (cf. 2Tm 1, 9; Tt 1, 2b).

Avec l'expression johannique ζωή αἰῶνιος (*vie éternelle*), Jésus se présente comme étant lui-même la vie (cf. Jn 11, 25; 14, 6; 1Jn 5, 20). C'est d'ailleurs la raison pour laquelle les concepts de ζωή (*vie*) et ζωή αἰῶνιος (*vie éternelle*) peuvent avoir la même signification, eu égard au don du salut apporté par le Christ (cf. Jn 3, 36; 5, 24; 1Jn 1, 2; 5, 11s). Dans ce même ordre d'idée, s'il est vrai que chaque croyant possède en lui la *vie éternelle* (cf. Jn 3, 15.16.36; 4, 36; 5, 24; 6, 40.47; 1Jn 5, 13; 2, 25; 3, 15), une telle affirmation sous-tend une relation de dépendance vis-à-vis de celui qui est le *Maître de la vie* (cf. Gn 4, 14; 6, 54; 10, 28; 17, 2). En effet, par son *sang* (cf. Jn 6, 54), par sa *nourriture* (cf. Jn 6, 27), par sa *parole* (cf. Jn 6, 68 ; 12, 50), Jésus donne la *vie éternelle* . Et cette *vie éternelle*, c'est le fait de re*connaître* le seul vrai Dieu et celui qu'il a envoyé, Jésus Christ (cf. Jn 17, 3).

3.2.1.4. Le temps comme αἰών[187]

Dans la conception profane grecque, le vocable αἰών a différentes connotations[188]:*force vitale, vie; durée de la vie, âge, génération*; *intervalle du temps, temps*, en référence au *passé* et au *futur*; *éternité*. Aussi, le terme αἰών a été mis en rapport par Héraclite et Empédocle avec la spéculation philosophique sur la notion du *temps*: αἰὼν παῖς ἐστι παίζων, πεττεύων παιδὸς ἡ βασιληίη (« L'Éternel est un enfant qui joue à la *pettie*; la royauté est à un enfant »)[189]. Dans le domaine de la spéculation philosophique, αἰὼν est considéré en rapport avec le concept de « temps ». Il est opposé à χρόνος. En ce sens, il signifie: le « temps relatif », la « durée » d'un être particulier, l'« éternité » atemporel et idéal, sans jours ni mois ni années[190].

La caractéristique de l'αἰών, c'est le fait d'être: *éternité, temps illimité*. Partant de ce concept d'« éternité », nous avons l'expression εἰς τὸν αἰῶνα et que l'on retrouve 27 fois dans le N.T. Cette

---

[187] H. SASSE, « αἰών, αἰῶνιος », in O. SOFFRITTI (a cura di), *Dizionario esegetico del nuovo Testamento*, vol. I, 531-564.
[188] *Ibidem.*, 531.
[189] *Ibidem.*, 532.
[190] *Ibidem.*, 533.

formule est plus récurrente dans le quatrième évangile, plus précisément dans la péricope de Jn 4, 1-42 qui fait l'objet de cette présente étude (Jn, 4, 14: εἰς τὸν αἰῶνα, εἰς ζωὴν αἰώνιον; cf. Jn 6, 51; 12, 34; 14, 16; Lc 1, 55; 2Co 9, 9; He 5, 6; 7, 17.21; 1P 1, 25[191]. Dans le soucis de rendre plus exact le concept d'« éternité », αἰών est souvent utilisé au pluriel. Ceci se vérifie surtout dans les doxologies avec la formule εἰς τοὺς αἰῶνας (cf. Mt 6, 13; Lc 1, 33; Rm 1, 25; 9, 5; 11, 36; 1Co 11, 31; He 13, 8)[192].

3.2.2. Le symbolisme de l'heure dans l'évangile de Jean: du « non encore » au « déjà là »

Quand on considère la métaphore de « l'heure » dans le quatrième évangile, l'on perçoit aisément une sorte d'équilibre entre l'attente messianique et l'avènement eschatologique. Même si cette « heure » s'est déjà réalisée en la venue de Jésus (*déjà là*), elle n'atteindra son point culminant qu'à la croix (*non encore*). Cette tension est la caractéristique de l'heure eschatologique[193]. Cette double connotation de «l'heure» a été bien mentionnée en Jn 4: d'une part, il s'agit d'une « heure qui vient » (vv.21.23a: ἔρχεται ὥρα) et d'autre part d'une « heure qui est déjà » (v.23b: νῦν ἐστιν).

Partant de cette *tension paradoxale* qui a été mise en évidence en Jn 4, 1-42, nous allons étudier d'autres textes du quatrième évangile pour cerner au mieux la conception johannique de « l'heure »: *les noces de Cana* (2, 1-12); *la tentative d'arrestation de Jésus* (7, 25-30); *l'enseignement de Jésus au Temple* (8, 12-22); *la fin du ministère public de Jésus à Jérusalem* (12, 20-36); *le lavement des pieds* (13, 1-20); *la prière sacerdotale de Jésus* (17, 1-26).

a) Jn 2, 1 - 12 : les noces de Cana

Le miracle accomplit par Jésus aux noces de Cana, comme « premier signe » de son ministère public, s'inscrit dans la même perspective de la question de « l'heure » mise en exergue par la rencontre de Jésus et de la femme Samaritaine en Jn 4, dans sa double considération du « déjà là » (v.8) et du « non encore » (v.4).

---

[191] *Ibidem*, 535.

[192] *Ibidem*, 536.

[193] Cf. F. J. MOLONEY, *Il Vangelo di Giovanni*, 116.

La réplique de Jésus οὔπω ἥκει ἡ ὥρα μου (« mon heure n'est pas encore venue ») (v.4c) à l'endroit de sa mère fait situer l'épisode des noces de Cana dans la perspective d'un événement futur et inconnu. La réponse de Jésus suggère que le moment décisif de son destin n'est pas encore advenu (*non encore*). Cette heure décisive sera explicitement mentionnée plus tard en Jn 13, 1: c'est l'heure de *la croix*, de *la glorification* et de *l'élévation* de Jésus. Ceci revient à dire que le *premier signe* de Cana doit être lu et interprété en fonction de cet événement.

Après avoir changé l'eau en vin, Jésus invite les serviteurs à puiser un échantillon dans les jarres pour le faire goûter au maître du repas (v.8). Cette invite de Jésus a une portée théologique très significative: le νῦν (« maintenant ») traduit l'heure eschatologique de l'agir divin (*déjà là*). Le miracle accomplit par Jésus symbolise le début du temps eschatologique comme le temps du salut. En réalisant un tel miracle, au début de son ministère public, Jésus pose un acte à haute portée programmatique: en sa personne, le salut en abondance est devenu événement (cf. Jn 1, 14). L'abondance du vin est le signe du début des temps messianiques: Jésus est le véritable révélateur du Père et le donateur de la vie éternelle. Cet épisode des « noces » est en parallèle avec les symbolismes bibliques des « noces messianiques » annoncées par les prophètes (cf. Os 2, 19-20; Is 25, 6-8; Jr 2, 2; Ct).

Au début de l'épisode, Jésus avait affirmé que son « heure » n'était pas encore arrivée (οὔπω ἥκει) (v.4c). A présent, par ce *signe* (v.8), l'on est tenté de dire que « l'heure » est accomplie, hic et nunc(νῦν)! En effet, même si le miracle accomplit par Jésus en Cana de Galilée un *signe réel* de l'avènement de *l'heure messianique*, il demeure vrai que la plénitude de « l'heure » de Jésus va au-delà de ce *signe*[194]. Il est indéniable que, comme *premier signe* accompli par Jésus, le miracle de Cana inaugure l'ère des temps messianiques. Mais il n'en demeure pas moins que « l'heure » de la plénitude de la révélation christologique, c'est-à-dire « l'heure eschatologique », n'atteindra son paroxysme qu'à « l'heure de la croix », au festin des *noces de l'Agneau* (cf. Ap 19, 7-8; 22, 17).

[194] Cf. *Ibidem*, 60.

b) Jn 7, 25 - 30: tentative d'arrestation de Jésus

Jésus a bien pris conscience de la menace qui pèse sur sa personne (.25). Nonobstant cette épée de Damoclès qui met sa vie en danger, Jésus se rend au Temple et se met à s'exprimer ouvertement, sans hésiter un instant (v.26a). L'enseignement de Jésus au Temple provoquera inévitablement l'ire de son auditeur qui, par voie de circonstance, tentera de le saisir. Mais ceci ne sera que peine perdue car « son heure n'était pas encore venue » (v.28). Du coup, Jésus ne saurait être victime de la violence suscitée par ses propos. Jésus n'est pas soumis à une sorte de fatalité tragique irrémédiable.

Le « non encore » de « l'heure » mentionné au v. 28 a un lien avec la venue imminente de «l'heure» dont parle Jésus en Jn 4. Les adversaires de Jésus n'ont aucun pouvoir sur lui (cf. Jn 7, 44). Ainsi, ils ne peuvent décider de « son » heure. Cette « heure » décisive, c'est l'heure de la Passion (cf. Jn 2, 8; 13, 1). Et c'est Dieu seul qui peut en décider. C'est « l'heure » correspond à l'heure de la *manifestation* du Messie annoncé par les prophètes. Dans le judaïsme antique, le Messie qu'on attendait était considéré comme ayant une *origine mystérieuse et cachée.* Selon une conception de la littérature intertestamentaire, *le Messie* ou *Fils de l'homme* devait sortir de son incognito céleste pour se manifester ainsi sur la terre, à la fin des temps. Par ailleurs, selon une autre conception, l'existence incognito du Messie attendu était mise en rapport avec le mythe de la Sagesse (cf. Si 24).

c) Jn 8, 12 - 22: l'enseignement de Jésus au Temple

En se déclarant être « la lumière du monde » (v.12)[195], Jésus suscite de nouveau, de la part du groupe des pharisiens, une controverse quant à son identité. C'est d'ailleurs l'unique controverse qu'on trouve dans le quatrième évangile, où Jésus et le groupe des Pharisiens viennent à s'affronter

[195] Le prédicat φῶς (lumière) est à situer dans le contexte de la fête des Tentes qui constitue l'arrière-fond de Jn 7 - 8. En effet, selon le *Le traité Soukkah V, 1 - 4* , « à l'issue du premier jour de la fête, on descendait du parvis des femmes .... Il y avait des chandeliers en or. Quatre coupes en or surmontaient chaque chandelier. Il y avait quatre échelles par chandelier. Quatre enfants de la souche des prêtres tenaient chacun une cruche d'huile de cent vingt logs qu'ils déversaient dans chaque coupe. On faisait des mèches .... Avec ces mèches, on allumait (les chandeliers). Il n'y avait pas, à Jérusalem, une seule cour qui ne fût illuminée par la lumière de la maison du puisage. Les hommes bons et pieux dansaient devant le peuple avec des torches allumées » : cité par J. MASSONET, « Chabbat et fêtes », in H. COUSIN, *Le monde où vivait Jésus*, 359.

face à face. Ce genre de controverse est sous la forme d'une *Rechtstreit* (*dispute juridique*) (cf. Jn 5, 31 - 47): Jésus prend sa propre défense pour réfuter l'accusation portée contre sa personne, preuves à l'appui (preuves par témoins: v.18; preuves scripturaires: v.17).

Le v.20 trouve est en parallèle avec Jn 4: ici, comme du reste en 7,28, l'évangéliste mentionne que personne ne mit la main sur Jésus « parce que son heure n'était pas encore venue ». Cette « immunité » dont jouit Jésus est à situer dans un contexte bien défini, celui de « l'heure » qui n'est pas encore arrivée: c'est *l'heure de la croix*. D'ailleurs la métaphore de la lumière (v.12) met en exergue la venue de cette « heure » de Jésus: opposée aux ténèbres (ἐν τῇ σκοτίᾳ), la lumière (φῶς) désigne la manifestation de Dieu en Jésus. La déclaration christologique de Jésus Ἐγώ εἰμι τὸ φῶς τοῦ κόσμου (v.12) est l'expression de la réalité divine: Jésus comme *lumière* (φῶς) procure la *lumière de la vie* (τὸ φῶς τῆς ζωῆς).

d) Jn 12, 20 - 36 : fin du ministère public de Jésus à Jérusalem

Dans le quatrième évangile, les vv.20-36 constituent le dernier enseignement public que Jésus a livré. L'idée centrale de ces versets, c'est « l'heure » de la mort de Jésus qui suscite chez les Grecs (v.20) et la foule (vv.29.34) des questionnements et supputations. Cette « heure » de la mort de Jésus est en parallèle avec « l'heure » de la *véritable adoration* en Jn 4, 23 qui, du reste, avait aussi suscité une réaction assez houleuse de la part de la femme Samaritaine (cf. 4, 20-24). Par ailleurs, il existe un rapport d'intertextualité entre les vv.23.27-28 et la scène synoptique de Gethsémanie, même si cette donnée géographique (Gethsémanie) n'ait pas été mentionnée dans le quatrième évangile (cf. Jn 10, 23 // Mc 14, 41; Jn 12, 27a // Mc 14, 34; Jn 12, 27b // Mc 14, 35; Jn 12, 27c // Mc 14, 36c).

Suite à la requête des Grecs qui a été transmise par l'intermédiaire de Philippe et de André, Jésus répond de manière indirecte: il donne une interprétation de sa mort (v.23). Cette « heure » de la glorification du Fils de l'homme n'est pas à confondre avec l'entrée triomphale de Jésus dans Jérusalem: c'est « l'heure » est en lien avec « l'heure qui vient » de Jn 4 (v.21). En, cette « heure » fait allusion à l'échéance de la croix, de la mort de Jésus (cf. Jn 2, 4; 7, 30; 8, 20; 12, 27; 13, 1; 17,

1). La mort de Jésus est « l'heure » de la glorification: c'est la manifestation de la présence de Dieu dans le monde. Dans ce même ordre d'idée, la Passion de Jésus n'est pas à concevoir comme une « absence » de Dieu qui se rétracte, mais plutôt comme *lieu* de sa présence.

e) Jn 13, 1 - 20: le lavement des pieds

L'épisode du lavement des pieds[196] est une tradition propre à l'auteur du quatrième évangile dans le N.T. Le prologue (vv.1 – 3) définit le cadre assez dramatique du récit: la Passion. Le geste du lavement des pieds revêt une fonction programmatique: il indique le sens de la mort *imminente* de Jésus. En endossant le rôle de serviteur, Jésus explicite sa raison d'être comme envoyé du Père. Le service d'amour qu'il rend aux siens consiste en l'acceptation de la mort sur la croix: « Il n'y a pas de plus grand amour que de donner sa vie pour ses amis »(Jn 15, 13).

Le geste accomplit par Jésus à l'égard de ses disciples a une portée christologique. Et c'est ici qu'on peut faire le lien avec Jn 4. Jésus n'ignore pas l'imminence de sa mort. Il n'est pas une quelconque victime d'un destin imprévisible: il *sait* que son « heure » est venue[197]. Cette « heure » de la mort de Jésus est à considérer comme l'instant du retour du Fils vers le Père (v.1): c'est « l'heure » de l'accomplissement de son ministère public, en somme c'est « l'heure » du *passage de ce monde vers le Père*[198]. Et c'est à cette « heure » que l'amour de Jésus pour les siens atteint son

[196] « Dans les sociétés juives et gréco-romaines du premier siècle ..., le lavement des pieds est partie intégrante de la vie quotidienne d'alors. Sa fonction de préparait à un repas ou à un banquet est largement attestée. Quelles sont alors les valeurs mises en œuvre par cette pratique sociale ? (1) Le lavement des pieds est un geste d'accueil et d'hospitalité. Il vise à assurer le confort d'hôtes ou de proches et, en particulier, de les préparer au repas. (2) Cet acte est normalement pris en charge par une personne de condition inférieure. Dans la société juive-palestinienne, ce sont des esclaves païens qui lavent les pieds de leurs maîtres juifs, les femmes ceux de leur mari, les enfants ceux de leur père. Dans la société gréco-romaine, le lavement des pieds est toujours le fait d'un esclave, lequel n'a pas le droit de dérober à cette tâche, si bien que ce geste devient symbole de la servitude et de l'esclavage. (3) Dans certaines situations exceptionnelles, certaines personnes accomplissent cet acte sans y être tenues socialement. Elles démontrent ainsi leur amour ou leur affection à l'égard de la personne à laquelle elles rendent service » : J. ZUMSTEIN, *L'évangile selon saint Jean (13 - 12),* 25-26.

[197] « Le verbe ''savoir'' (οἶδα) apparaît six fois dans l'épisode du lavement des pieds – ce qui dénote son importance . A quatre reprises, il caractérise l'omniscience du Christ johannique (13, 1.3.11.18), dont deux fois sous la forme du participe εἰδὼς (''sachant'', v.1.3). I. DE LA POTTERIE a montré que οἶδα désigne - à la différence de γινώσκω – un savoir acquis et sûr. Dans notre passage, le savoir du Christ johannique connote sa souveraineté. Il connaît l'heure de la croix, il connaît l'identité du traître si bien que la Passion qui s'approche ne le surprend pas ; il entre en Passion en pleine connaissance de cause. L'omniscience du Christ johannique doit être interprétée dans le cadre de la christologie de l'envoie» : *Ibidem*, 23.

[198] « Le verbe μεταβαίνειν ("passer") désigne le déplacement d'un endroit à un autre, le changement de demeure. Chez Jn, l'expression ''ce monde-ci'' fait référence au monde humain, dominé par le péché et la mort, tandis que la notion de ''père'' est bien évidemment la métaphore de Dieu. La mort est donc l'événement qui, tout en

paroxysme (cf. Jn 15, 13): c'est à la croix que cet amour parvient à son point culminant. Ainsi, Jésus mène sa mission à son terme et à son accomplissement: « Tout es accompli » (Jn 19, 30). La mort de Jésus en croix constitue comme telle l'achèvement de la révélation.

f) Jn 17, 1 - 26: la prière sacerdotale de Jésus

La *prière sacerdotale* de Jésus fait inclusion avec le *prologue* (1, 1 - 18) (cf. 1, 1-2 //17, 5.24). Dans cette *prière d'adieu* , la personne de Jésus fait entrevoir un double point de vue: d'une part, nous avons l'image d'un Jésus « terrestre » qui prend congé de ses disciples du fait de l'imminence de sa mort; d'autre part, Jésus, marchant résolument vers la croix, fait une sorte de rétrospective de son œuvre terrestre qui a désormais atteint son achèvement.

Lue dans la perspective de Jn 4, la prière sacerdotale de Jésus met en évidence la question de l'heure. C'est parce que la prière de Jésus est dominée par le thème de *l'adieu*; elle se situe dans un contexte d'une séparation imminente: la venue de «l'heure» implique une séparation de Jésus d'avec ses disciples (v.11). Toujours est-il que cette heure de séparation et de rupture favorise l'aboutissement à la communion eschatologique (v.24). Jésus dévoile ainsi l'achèvement et la finalité de sa mission.

Jésus s'adresse à Dieu par l'invocation Πάτερ (*Père*) (v.1b), traduisant ainsi cette relation d'intimité qui les lie: c'est le *Fils* qui s'adresse au *Père*[199]. Le Fils demande au Père de le glorifier. La glorification du Fils se réalise dans la mesure où le Père l'élève auprès de lui. En demandant au Père de lui « re-donner » la gloire qu'il avait auprès de lui « dès avant la fondation du monde » (v.5), le Fils évoque ici une réalité qui se distingue du monde et qui ne saurait être diminuée ni anéantie: c'est la manifestation de l'œuvre du Père en la personne du Fils. Mais le plein

---

mettant fin au temps de la présence historique du Fils, lui permet de retrouver la gloire qui était sienne en tant que préexistant (cf. 17, 5). La trajectoire préexistence-incarnation-élévation, typique de la christologie de l'envoi, constitue l'horizon de compréhension du v.1b » : *Ibidem*, 24.

[199] « Le terme ''Père'' apparaît avec une fréquence exceptionnelle dans le chapitre 17 (cf. 17, 1.5.21.24, et sous une forme modifiée aux vv. 11 ((πάτερ ἅγιε) et 25 (πάτερ δίκαιε)). Toujours utilisé au vocatif (la tradition textuelle hésite entre le vocatif et le nominatif, lequel revêt alors un sens vocatif), il ne désigne pas le Père des êtres humains en général comme dans le ''Notre Père'', mais le seul Père du Christ johannique. Un des enjeux de la prière est précisément d'associer les disciples à cette relation unique. Le Père de Jésus ne deviendra le père des disciples qu'en 20, 17 » :*Ibidem*, 165.

accomplissement de cette œuvre du Père ne se réalisera qu'à « l'heure » de la croix.

3.2.3. Schéma récapitulatif du cadre et de la portée de la métaphore de « l'heure » en Jn

Dans le N.T., la notion de « temps » est généralement traduite par les vocables:

- ✓ χρόνος: indique la durée, le lapse de temps (cf. Lc 8, 27; 23, 8; Ac 8, 11 ; 14, 3; 27, 9; Mt 2, 7);
- ✓ καιρός: indique le temps, le moment, l'instant: cf. Mc 6, 31; Ac 17, 21; 1Co 16, 12);
- ✓ αἰώνιος: revêt une triple référence (l'éternité de dieu et sa sphère: cf. Gn 21, 33 LXX; Rm 16, 26; les biens du salut eschatologique: He 13, 20; cf. Gn 13, 9 LXX; Ex 31, 16 LXX; les conditions ou situations permanentes sans commencement ni fin: cf. 2Tm 1, 9; Tt 1, 2b;
- ✓ αἰών: indique la forme vitale, la vie, la durée de la vie, l'âge, la génération, l'intervalle du temps, le temps, l'éternité (Jn, 4, 14; 6, 51; 12, 34; 14, 16; Lc 1, 55; 2Co 9, 9; He 5, 6; 7, 17.21; 1P 1, 25).

• **Jn 2, 1-12**: d'une part, « l'heure » se situe dans une perspective future et inconnue (v.4c). La réponse de Jésus à sa mère suggère que son « heure » décisive n'est pas encore venue, c'est-à-dire « l'heure » de la croix, de la glorification et de son élévation (cf. Jn 13,1). D'autre part, le « signe » de Jésus manifeste « l'heure eschatologique ». En changeant l'eau en vin, Jésus pose un acte à haute portée programmatique: en sa personne, le salut devient un évènement du temps présent (cf. Jn 1,14).

• **Jn 7,25-30**: Jésus n'a pas été arrêté par ses adversaires car « son heure n'était pas encore venue » (v.28). Cette « heure », c'est sa Passion et sa Mort (cf. Jn 2,8;13,1). Jésus n'est pas donc soumis à un *fatum* inévitable, c'est-à-dire une sorte de fatalité tragique irrémédiable. Bien au contraire, Dieu seul est maître de son destin: l'heure de la manifestation du Messie.

• **Jn 8,12-22**: la non-arrestation de Jésus mentionnée au v.20 est à situer dans la perspective de « l'heure qui n'était pas encore venue », c'est-à-dire « l'heure » de la croix. Cette venue de « l'heure » correspond à la manifestation de Dieu en Jésus: il est « la lumière » qui donne « la vie ».

• **Jn 12,20-36**: « l'heure » de la mort de Jésus suscite chez les Grecs (v.20) et la foule (v.29.34) des questionnements et des supputations. Cette « heure » est parallèle à « l'heure » de la véritable adoration mentionnée en Jn 4,23. Jésus fait allusion à l'échéance de la croix (cf. Jn 2, 4; 7,30; 8,20; 12,27; 13,1; 17,1). C'est « l'heure » de la glorification: Dieu manifeste ainsi sa présence dans le monde.

• **Jn 13,1-20**: le geste posé par Jésus à l'endroit de ses disciples revêt une portée christologique en parallèle à Jn 4. Jésus a bel et bien pris conscience de l'imminence de « l'heure » de sa mort: cette « heure » est à considérer comme l'instant du retour du Fils vers le Père (v.1).

• **Jn 17,1-26**: vue sous l'angle de Jn 4, la prière sacerdotale de Jésus fait entrevoir une double considération: d'une part, le Jésus « terrestre » annonce sa séparation d'avec ses disciples du fait de sa mort prochaine et d'autre part Jésus effectue en même temps une sorte de rétrospective de son œuvre terrestre qui est arrivée à terme. Mais cette œuvre ne se réalisera pleinement qu'à « l'heure » de la croix.

En Jn 4, l'affirmation de Jésus ἔρχεται ὥρα καὶ νῦν ἐστιν (v.23a) résume en soi la quintessence de la métaphore de « l'heure » dans le quatrième évangile: une réalité future et une réalité présente. Dans la perspective johannique, la métaphore de « l'heure » se traduit à travers une double conception qui se dit en termes de « non encore » et de « déjà là ». En effet, dans la conception johannique, la métaphore de « l'heure » symbolise la double perspective de *l'attente messianique* (*non encore*) et de *l'avènement eschatologique* (*déjà là*). Cette double connotation de « l'heure johannique » qui a été mise en évidence en Jn 4 se fonde sur une bipolarité: elle est déjà advenue en la personne de Jésus de Nazareth (v.23b); mais elle n'atteindra son paroxysme qu'à la croix (vv.21.23a).

En définitive, l'étude de la métaphore de « l'heure » permet de mieux saisir la portée théologique de Jn 4. En effet, deux considérations s'imposent[200]: si l'on se situe dans le temps du

[200] Cf. J. ZUMSTEIN, *L'évangile selon saint Jean (1 - 12)*, 155.

récit, la métaphore de « l'heure qui vient » désignerait *le temps postpascal* et le «maintenant» renverrait à *la personne de Jésus*; par contre, vue sous l'angle des destinataires de l'évangile, « l'heure qui vient » renvoie à *l'accomplissement eschatologique à venir* et le « maintenant » correspond au *présent du vécu pascal.* Il va sans dire que « l'heure eschatologique » détermine aussi bien le temps de Jésus que celui des destinataires de l'évangile.

CONCLUSION

L'étude d'autres textes du quatrième évangile nous a permis de cerner au mieux le cadre et le sens des deux métaphores de « l'eau » et de « l'heure» qui ont été mises en exergue dans la péricope de Jn 4, 1-42 relatant l'épisode de la rencontre de Jésus avec la femme Samaritaine.

La métaphore de « l'eau vive » a une triple qualité (Jn 4,14): elle désaltère à jamais (cf. Jn 1,19-34; 2,1-12), elle devient source (cf. Jn 5,1-18; 9,1-41; 6,16-21), elle jaillit en vie éternelle (cf. Jn 3,1-12 ; 7,37-38). La première qualité de l'eau renvoie au Baptême de Jésus (Jn 1,19-34) et aux noces de Cana (Jn 2,1-12): d'une part, les eaux du Jourdain préfigurent l'avènement du salut eschatologique et l'eau transformée en vin inaugure l'ère messianique. La deuxième qualité de l'eau renvoie à la guérison du paralytique à la piscine de Bethesda (Jn 5,1-18), à celle de l'aveugle-né (Jn 9,1-41) et à la marche de Jésus sur les aux (Jn 6,16-21): Jésus manifeste ainsi l'œuvre de Dieu à travers la révélation christologique. La troisième qualité de l'eau renvoie à l'entretien de Jésus avec Nicodème (Jn 3,1-12) et à la fête des Tentes (Jn 7,37-38): la « vie éternelle » est un « don » de l'amour du Père qui se réalise dans le « don » du Fils Unique.

Quant à la métaphore de « l'heure », elle se résume en l'expression ἔρχεται ὥρα καὶ νῦν ἐστιν (v.23a) dans la double perspective d'une réalité future et une réalité présente. En d'autres, la conception johannique de «l'heure» se dit en termes de « non encore » et de « déjà là ». Dans la conception du « non encore », « l'heure » correspond à « l'heure » de la croix, de la glorification et de l'élévation de Jésus (cf. Jn 13,1). Cette « heure » correspond à la manifestation de Dieu en Jésus. C'est l'instant du retour du Fils vers le Père. Dans la conception du « déjà là », « l'heure » correspond à « l'heure » eschatologique réalisée dans le temps présent (cf. Jn 1,14).

CONCLUSION GENERALE

Comment Jésus révèle-t-il sa véritable identité en Jn 4, 1-42? Telle est l'objet de cette présente étude et qui, du reste, est en étroite adéquation avec la question de recherche relative à *la véritable identité de Jésus de* Nazareth et qui a servi de soubassement pour l'analyse de la péricope de Jn 4, 1-42. Pour ce faire, notre analyse narrative est partie tout d'abord de la dynamique interne du récit, en ayant comme point de mire *le symbolisme du texte*. Ladite analyse a gravité autour de deux pôles saillants. Dans un premier temps, nous avons jeté un regard exclusivement sur l'homme Jésus qui se révèle pour ainsi percevoir le sens et la portée des titres qui lui sont attribués tout au long de l'évangile. Dans un second temps, nous avons cherché à découvrir l'effet de la révélation de Jésus sur les différents personnages qui ont fait l'expérience de sa rencontre (les disciples, la femme Samaritaine, les Samaritains).

Notre perspective d'analyse est partie d'un itinéraire de découverte allant crescendo. Concrètement, dans notre quête de *la véritable identité de Jésus de Jésus de Nazareth*, nous sommes partis de l'*adhésion progressive* de la femme Samaritaine pour ainsi aboutir à une *adhésion personnelle* des Samaritains. En effet, du « Jésus Juif », en passant par le « Jésus prophète », le « Jésus Messie », nous en sommes parvenus à *la révélation christologique de Jésus de Nazareth*. De manière succincte, cette présente étude s'est réalisée suivant une triple considération: (1) étude exégétique de Jn 4, 1-42; (2) survol historique (données ethnico-religieuses et socio-politiques); (3) études d'autres textes johanniques relatifs aux métaphores de « l'eau » et de « l'heure ».

L'étude exégétique de la péricope de Jn 4, 1-42 est constitué principalement de deux dialogues, avec comme procédé littéraire le *quiproquo johannique* : Jésus et la femme Samaritaine (vv.7-26) et Jésus avec ses disciples (vv.31-38). La pointe du récit réside dans le cœur de *la révélation christologique du Messie* qui motive *l'adhésion personnelle* des Samaritains à la foi au

Sauveur du monde. La révélation de Jésus de Nazareth s'est effectuée en trois temps: Jésus se révèle de manière *indirecte* (4, 7-15: « l'eau vive »); Jésus invite la femme Samaritaine à re-considérer le caractère inaccompli de son existence et de sa soif de vie insatisfaite (4, 16-19: « les cinq maris »); Jésus se révèle à la femme de manière *directe*; la présence de Dieu dans le monde n'est plus liée à un lieu d'élection ni à un temple, mais plutôt à une personne (4, 20-26: « la véritable adoration »).

Dans la perspective de Jn 4, le survol historique nous a permis de passer au peigne fin quelques aspects phares concernant les données ethnico-religieuses et socio-politiques des Juifs en général, et de manière plus spécifique les Samaritains. Par ailleurs, le *cadre du récit* a permis de bien cerner l'arrière-fond *géographique* (la Samarie) et *topographique* (le puits de Jacob) de la rencontre de Jésus avec la femme Samaritaine. Des données historiques de la Samarie et des Samaritains, nous sommes passés au puits et à ses traditions bibliques. Comme capitale et royaume d'Israël, la Samarie est une zone géographique correspondant aux limites d'une province assyrienne (cf. 2R 17, 29a). Partant des interprétations targumiques et midrashiques, le puits revêt une double portée *théologique*: symbole du *don de la Torah* comme *breuvage spirituel* (cf. Ex 15, 22-26; Nb 21, 16-20; Is 55, 1) et *topos* des fiançailles et des noces (cf. Gn 24; 29, 1-14; Ex 2, 15-22). L'étude des *relations sociales* a servi de soubassement pour une considération plus approfondie: des rapports entre Juifs et Samaritains, de l'identité de la femme, des arrangements de mariages et coutumes de noces. Le constat qui demeure est que les relations entre Juifs et Samaritains ont toujours été conflictuelles. Comme causes principales de cette situation permanente de rapports conflictuels, il sied de mentionner entre autre: la construction du temple sur le mont Garizim comme un sanctuaire rival du temple de Jérusalem et la guerre contre Israël lors de la révolte des Maccabées en 166 avant J. C.(cf. 1 M 3,10). L'identité de la femme en milieu juif de constater de visu que cette dernière avait un rang de *perpétuelle mineure.* Par voie de conséquence, elle ne pouvait ni jouir d'un état civil équivalent à celui de l'homme ni acquérir ni agir en justice, ni même hériter de son mari. En somme, la conscience collective de cette époque était véhiculée par une sorte de stéréotypes: la femme était presque reléguée au second plan, parce que destinée à vivre en état d'infériorité et de totale soumission vis-à-vis de l'homme.

L'étude d'autres textes johanniques nous a permis de cerner au mieux le cadre et le sens des deux métaphores de « l'eau » et de « l'heure » qui ont été mises en exergue dans la péricope de Jn 4, 1-42 relatant l'épisode de la rencontre de Jésus avec la femme Samaritaine. La métaphore de « l'eau vive » a une triple qualité (Jn 4,14). La première qualité de l'eau renvoie au Baptême de Jésus (Jn 1,19-34) et aux noces de Cana (Jn 2,1-12) : les eaux du Jourdain préfigurent l'avènement du salut eschatologique et l'eau transformée en vin inaugure l'ère messianique. La deuxième qualité de l'eau renvoie à la guérison du paralytique à la piscine de Bethesda (Jn 5,1-18), à celle de l'aveugle-né (Jn 9,1-41) et à la marche de Jésus sur les aux (Jn 6,16-21): Jésus manifeste ainsi l'œuvre de Dieu à travers la révélation christologique. La troisième qualité de l'eau renvoie à l'entretien de Jésus avec Nicodème (Jn 3,1-12) et à la fête des Tentes (Jn 7,37-38): la « vie éternelle » est un « don » de l'amour du Père qui se réalise dans le « don » du Fils Unique. Quant à la métaphore de « l'heure », elle se résume en la double perspective d'une réalité future et une réalité présente: la conception johannique de « l'heure » se dit en termes de « non encore » et de « déjà là ». Comme *réalité future* (« non encore »), « l'heure » correspond à « l'heure » de la croix, de la glorification et de l'élévation de Jésus (cf. Jn 13,1): c'est « l'heure » de la manifestation de Dieu en Jésus; c'est l'instant du retour du Fils vers le Père. Comme *réalité présente* (« déjà là »), «l'heure» correspond à « l'heure » eschatologique réalisée dans le temps présent (cf. Jn 1,14).

En définitive, *la révélation christologique* du Juif Jésus en Samarie aura suscité un double effet: d'une part, le témoignage de la femme Samaritaine appelant des coreligionnaires à la découverte de l'homme Jésus; d'autre part, l'itinéraire de foi des Samaritains qui aboutit à une relation directe et plénière avec Jésus. Leur confession de fois (« celui-ci est véritablement le sauveur du monde ») confère au séjour de Jésus en Samarie son ultime dimension: sa révélation - qui n'est plus liée à des lieux particuliers - est universelle[201].

---

[201] J. ZUMSTEIN, *L'évangile selon saint Jean (1-12)*, 164.

ANNEXE: LA PALESTINE AU TEMPS DE JESUS

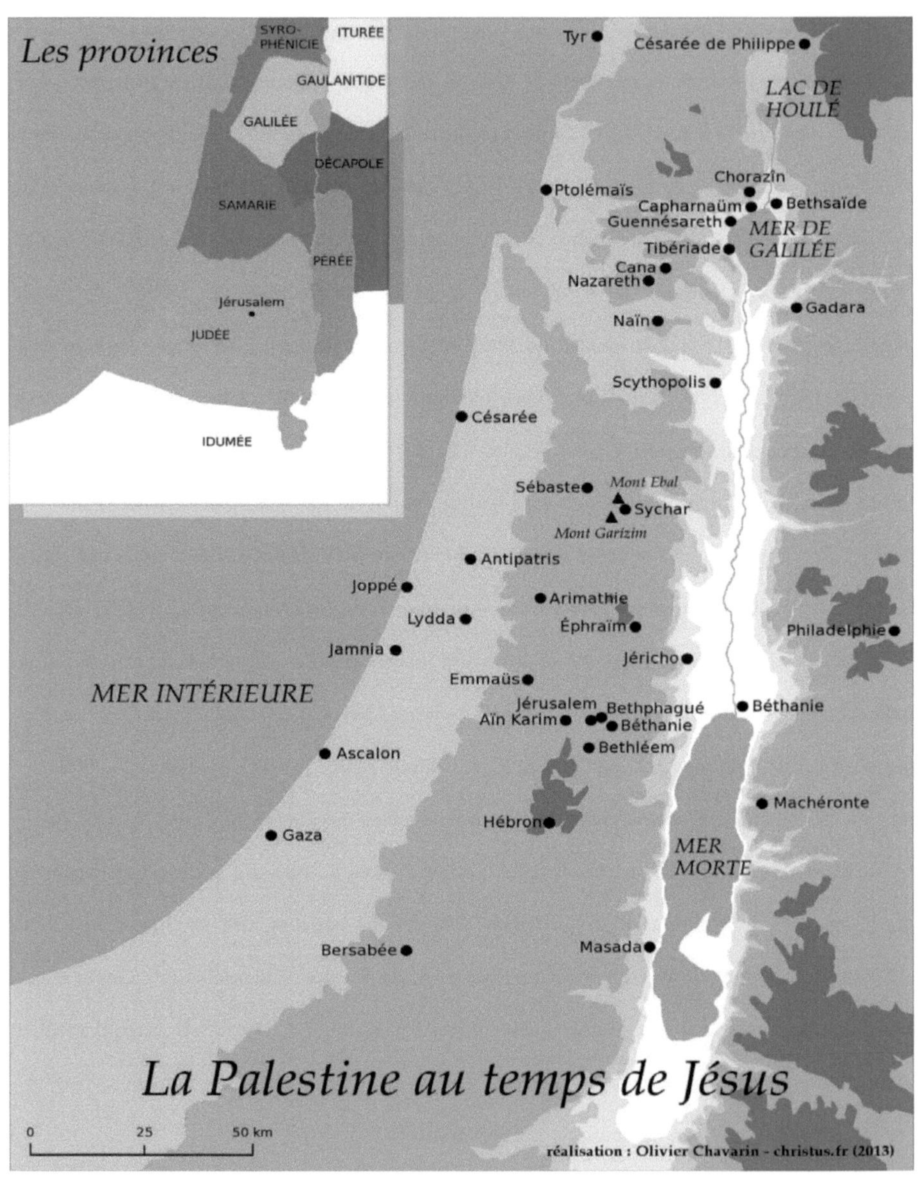

BIBLIOGRAPHIE

1. Sources bibliques

ELLIGER KARL - RUDOLPH WILHELM (éd.),*Biblia Hebraica Struttgartensia,* Deutsche Bibelgesellschaft, Struttgart 1990[4].

La Bible de Jérusalem, Les Editions du Cerf, Paris 2009.

Nouveau Testament interlinéaire grec-français, Société biblique française - Les Editions du Cerf, Paris 2010.

Novum Testamentum Graece et Latino, Nestle-Aland, Deutsche Bibelgesellschacft, Struttgart 1993.

Traduction Œcuménique de la Bible(TOB), Société biblique française – Les Editions du Cerf, Paris 2004.

2. Instruments de travail

BAILLY Anatole, *Dictionnaire Grec Français,* Hachette, Paris 2000[4].

BOGAERT Pierre M. (éd.), *Dictionnaire Encyclopédique de la Bible,* Brepols, Turnhout 2002.

BOISMARD Claude M.-E., *Synopse des quatre évangiles en français*, Tome II, *Commentaire*, Paris 1972.

CARREZ Maurice, *Dictionnaire Grec-Français du Nouveau Testament*, Labor et Fides, Genève 1995[4].

CAZELLES Henri. - ROBERT-FEUILLET André (sous la dir.), *Dictionnaire de la Bible. Supplément,* Tome IX, Letouzey & Ané, Paris 1979.

COCAGNAC Maurice, *Les symboles bibliques. Lexique théologique*, Les Editions du Cerf, Paris 1993.

DI NOLA ALFONSO M. (sotto la dir. di), *Enciclopedia delle religioni*, vol.5, Vallecchi, Firenze 1973.

Encyclopedia judaica, Keter Publishing House, Jerusalem 1972.

GERARD André M. (éd.), *Dictionnaire de la Bible,* Robert Laffont, Paris 1989.

KITTEL Gerhard (sotto la dir. di), *Grande lessico del Nuovo Testamento,* Paideia, Brescia 1965.

LEON-DUFOUR Xavier, *Dictionnaire du Nouveau Testament*, Les Editions du Seuil, Paris 1975².

___, *Vocabulaire de Théologie Biblique,* Les Editions du Cerf, Paris 2009.

___, *Dizionario di Teologia Biblica*, Marietti, Monferrato, 1976.

LURKER Manfred., *Dizionario delle immagini e dei simboli biblici*, Paoline, Cinisello Balsamo, 1990.

MILANOLI Berti A. *et alii*, *Le concordanze del Nuovo Testamento,* Marietti, Genova 1981.

MOULOUBOU Louis. - DU BUIT F.M., *Dictionnaire biblique universel*, Desclée, Paris 1984.

PASSELECQ Georges- POSWICK Ferdinand, *Table pastorale de la Bible*, Lethielleux Editeurs, Paris 1994.

PIROT Louis (sous la dir.), *Dictionnaire de la Bible Supplément*, Tome III, Letouzey & Ane, Paris 1938.

___*Dictionnaire de la Bible Supplément*, Tome XI, Letouzey & Ane, Paris 1991.

___, *Dictionnaire de la Bible. Supplément,* T IX, Letouzey & Ané, Paris 1979.

RAVASI Gianfranco *et alii*, *Nuovo Dizionario di Teologia*, Paoline, Cinisello Balsamo 1988.

ROBERT-FEUILLET André (éd.), *Introduction à la Bible I,* Desclée de Brouwer, Tournai 1957.

ROBERTS Paul - REY-DEBOVE Josette , *Le Petit Robert 2013 : dictionnaire alphabétique et analogique de la langue française*, Le Robert, Paris 2013.

SIMOENS Yves, *Selon Jean. Une traduction*, Editions de l'Institut d'Etudes Théologiques, Bruxelles 1997.

STRONG James *et alii*, *The New Strong's Exhaustive Concordance of the Bible*, Thomas Nelson Publishers, Nashville 1995-1996.

THEISSEN Gerd - MERZ Annette, *Il Gesù storico. Un manuale*, Editrice Queriniana, Brescia 2011[5].

WALLACE Daniel, *Grammaire grecque. Manuel de syntaxe pour l'exégèse du Nouveau Testament*, Excelsis, Paris 2015.

3. COMMENTAIRES

AUGUSTIN, *Homélies sur l'évangile de Jean,* I-XVI, Desclée de Brouwer, Paris 1969-1993.

BARRETT Charles .K., *The Gospel according to St. John. An Introduction with Commentary and notes on the Greek Text,* London 1978[2].

BAZZI Carlo, *Vangelo di Giovanni, Testo e commento*, Edizioni Piemme, Monferrato 2000.

BEASLEY-MURRAY George R., *John* (Word Biblical Commentary, vol.36), Word Books Publisher, Waco (Texas) 1987.

BROWN Raymond E., *The gospel according to john (i-xii). introduction, translation, and notes,* The Anchor Bible, volume 29, Doubleday & Company, New York 1966, 169.

___, *An Introduction to the New Testament*, Doubleday, New York 1997.

___, *Giovanni. Commento al vangelo spirituale,* Cittadella Editrice, Assisi 2010 (Edition originale en langue anglaise, Doubleday&C., New York 1979).

___, *Giovanni. Commento al Vangelo spirituale / capp.1-12*, Citta della Editrice, Assisi 1979.

CORSANI Bruno., *I miracoli di Gesù nel Quarto Vangelo*, Paideia, Brescia 1983.

DELEBECQUE Edouard., *Evangile de Jean. Texte Traduit et Annoté*, Gabalda, Paris 1987.

FABRIS Rinaldo, *Giovanni, Traduzione e Commento,* Borla, Roma 2003.

FOCANT Camille - MARGUERAT Daniel (sotto la dir. di), *Commentario del Nuovo Testamento. Testo integrale,* Edizioni Dehoniane Bologna, Bologna 2014.

GODET Frédéric, *Commentaire de l'Evangile de saint Jean,* Soleil d'Orient, Neuchâtel 2008.

GRASSO Santi, *Il vangelo di Giovanni, commento esegetico e teologico,* Città Nuova Editrice, Roma 2008.

KEENER Criag S., *The Gospel of John: A Commentary*, volume 2, Hendrickson 2003.

LEON-DUFOUR Xavier, *Lecture de l'évangile de Jean*, Tome I (chapitres 1-4), Les Editions du Seuil, Paris 1988.

MARCHADOUR Alain, *L'évangile de Jean. Commentaire pastoral*, Centurion, Paris 1992.

METZGER Bruce .M., *A textual Commentary on the Greek New Testament,* United Bible Societies, London 1994.

MOLONEY Francis. J., *Il Vangelo di Giovanni,* Editrice Elledici, Torino 2007.

NOLLI Gianfranco, *Evangelo secondo Giovanni. Testo greco, neovolgata latina, analisi filologica, traduzione italiana*, Libreria Editrice Vaticana, Citta del Vaticano 1986.

ORIGENE, *Commentaire sur saint Jean,* T.III, Source Chrétienne 222, Les Editions du Cerf, Paris 1976.

SCHNACKENBURG Rudolf, *Il vangelo di Giovanni. Parte prima: Testo greco e traduzione. Introduzione e commento ai capitoli 1-4,*(Commentario teologico del Nuovo Testamento), Paideia Editrice Brescia, Brescia 1973.

SIMOENS Yves, *Selon Jean. Une interprétation*, Editions de l'Institut d'Etudes Théologiques, Bruxelles 1997.

STRATHMANN Hermann, *Il Vangelo secondo Giovanni. Commento,* Paideia Editrice, Brescia 1973.

FREEDMAN David N. *et alii, The Anchor Bible Dictionary,* vol.5, Doubleday, New York 1992.

VAN DEN BUSSCHE H., *Jean. Commentaire de l'évangile spirituel,* Desclée de Brouwer, Paris 1967.

ZUMSTEIN Jean, *L'évangile selon Saint Jean (1-12)*, Labor et Fides, Genève 2014.

___, *L'évangile selon Saint Jean (13-21)*, Labor et Fides, Genève 2007.

ZEVINI Georges, *Commentaire spirituel de l'Evangile de Jean*, Médiaspaul, Paris 1995.

___, *Vangelo secondo Giovanni*, Città Nuova, 1987[8].

4. OUVRAGES

ASHTON John, *Comprendere il Quarto Vangelo,* Libreria Editrice Vaticana, Città del Vaticano 2000.

Association catholique française pour l'étude de la Bible, *Origine et postérité de l'évangile de Jean* (XIIIème congrès de l'ACFEB, Toulouse, 1989), Lectio Divina 143, Paris, Les Editions du Cerf, 1990.

BARREAU Jean-C., *L'aujourd'hui des évangiles*, Les Editions du Seuil, Paris 1970.

BIRD Phyllis A.., *Missing Persons and Mistaken Identities: Woman and Gender in Ancient Israel,* Fortress Press, Minneapolis 1997.

BLAQUIERE Georgette., *La grâce d'être femme,* Editions Saint-Paul, Paris 1981.

BRAUN François M., *Jean le Théologien,* Tome II, Editions J. Gabada, Paris 2000 (Edition originale en anglais, Doubleday, New York 1997).

BROWN Raymond E., *Jésus dans les quatre évangiles,* Les Editions du Cerf, Paris 1996 (édition originale en anglais, Paulist Press, Mahwah -N.J.- 1994).

Commission Biblique Pontificale, *L'interprétation de la Bible dans l'Eglise*, Libreria Editrice Vaticana, Città del Vaticano 1993.

COTE Julienne, *Cent mots-clés de la théologie de Paul*, Novalis, Ottawa 2000.

CULLMANN Oscar., *Les sacrements dans l'Évangile johannique : la vie de Jésus et le culte de l'Église primitive*, Presses universitaires de France, Paris 1951.

CULPEPPER Alan R., *Anatomy of the Fourth Gospel: A Study in Literary Design*, Fortress, Philadelphia 1983.

DOOD Charles H., *L'Interprétation du quatrième Evangile,* Les Editions du Cerf, Paris 1975.

___, *La tradizione storica del Quarto Vangelo*, Paideia, Brescia 1983.

DOLTO Françoise., *L'Evangile au risque de la psychanalyse,* Jean-Pierre Delagne , Paris 1977.

EBELING Jennie., *Vies de femmes aux temps bibliques*, Les Editions du Cerf, Paris 2013.

FERRARO Giuseppe., *L'« ora » di Gesù nel Quarto Vangelo*, Herder, Freiburg-Roma 1974.

FOURNIER-BIDOZ Alain, *Prophètes dans le texte. Dix investigations bibliques pour servir la mission de l'Eglise*, Desclée de Brouwer, Paris 2013.

GEORGES Augustin - GRELOT Pierre (éd.), *Introduct*ion à la Bible. Edition nouvelle. *Le Nouveau Testament*, vol.4,20. *La Tradition Johannique,* Desclée, Paris 1976-1991.

GOURGUES Michel., *Pour que vous croyiez. Pistes d'exploitation de l'évangile de Jean*, Les Editions du Cerf, Paris 1982.

HARRINGTON Wilfrid, *Nouvelle Introduction à la Bible,* Les Editions du Cerf, Paris 1971.

JAUBERT Anne, *''La symbolique du puits de Jacob''*, dans *L'homme devant Dieu* (Mélanges Henri de Lubac), Paris, 1964.

KIEFFER René, *Le monde symbolique de Saint Jean,* Lectio Divina 137, Les Editions du Cerf, Paris 1989.

LEON –DUFOUR Xavier, *Lect*ure de *l'Evangile selon Jean,* Tome III, Les Editions du Seuil, Paris 1993.

___, *Lecture de l'évangile selon Jean*, T. I (chap. 1-4), Les Editions du Seuil, Paris 1988.

L'EPLATTENIER Charles., *L'évangile de Jean,* Labor et Fides, Genève 1993.

LINDARS Barnabas-RIGAUX Béa, *Témoignage de l'évangile de Jean*, Desclée de Brouwer, Bruxelles 1973.

MAGEN Y. -O. RIMON, *Purity' Broke Out in Israel. Stone Vessels in the Late Second Temple Period*, University of Haifa, Haifa 1994.

MARCHADOUR Alain, *Les personnages dans l'évangile de Jean. Miroir pour une christologie narrative*, Les Editions du Cerf, Paris 2011.

PAGOLA José A., *Jésus. Approche historique,* Les Editions du Cerf, Paris 2013.

RESSEGUIE James L., *L'exégèse du Nouveau Testament. Une introduction*, Les Editions Lessius, Bruxelles 2009.

SABA N., *Les paradoxes de la judéité dans l'œuvre romanesque d'Albert Memmi*, éd. Edilivre APARIS, Paris 2008

SKA Jean-L., *Le livre scellé et le Livre ouvert. Comment lire la Bible aujourd'hui?*, Editions Bayard, Paris 2011.

___, *« Our Fathers Told Us ». Introduction to the Analysis of Hebrew Narratives,* PIB, Roma, 1990.

SIMOENS Yves., *Selon Jean*, vol.2, *Une interprétation,* Les Editions de l'Institut d'Etudes Théologiques, Bruxelles 1997.

VAN DER TOORN K., *From Her Cradle to Her Grave : The Role of Religion in the Life of the Israelite and the Babylonian Woman*, Sheffield Academic Press, 1994

VANNIER Jean., *Entrer dans le mystère de Jésus. Une lecture de l'évangile de Jean*, *Salvator*, Paris 2013

VOUGA François, *Le cadre historique et l'intention théologique de Jean,* Paideia Editrice, Brescia 2002.

ZEVINI Giorgio, *Vangelo secondo Giovanni, Città Nuova*, Roma 2009[8].

ZUMSTEIN Jean., *L'Evangile selon Jean. Introduction et traduction*, Collections Sources, Paris 2008.

5. ARTICLES

BAMANA Sylvain V., « Une lecture biblique et africaine de la rencontre de Jésus avec la Samaritaine (Jn4,5-26) », in *Mundo Marianista* 3(2005), 256-272.

BIENAIME Germain., « L'annonce des fleuves d'eau vive en Jean 7,37-39 », *Revue Théologique de Louvain* 21 (1990), 281-310; 417-454.

___, « L'annonce des fleuves d'eau vive en Jean », *Revue Théologique de Louvain* 21(1990), 281-310.417-454.

BETANCORT Juan B., « Sicar-Siquén en Jn4,5 : una clave de interpretación del texto ? », in *Filologia Neotestamentaria* 122324(1999), 89-106.

BOISMARD Claude M.-E., « Critique textuelle ou critique littéraire ? Jean 7, 1-51 », in *Cahiers de la revue biblique* 40 (1998).

___, « De son ventre couleront des fleuves d'eau », *Revue Biblique* 65(1958), 523-546.

CLAVIE Michèle, « Jésus et la Samaritaine : une rencontre ''sacramentelle'' ? », in *Esprit et Vie* 11899(2008), 16-21.

CUVILLIER Elian., « La figure des disciples en Jean 4 », in *New Testament Studies* 42 (1996), 254.

DANIELOU Jean, « Le symbolisme de l'eau vive », in *Revue de Sciences Religieuses* 32 (1958).

DEVILLERS Luc, « Une piscine peut en cacher une autre : à propos de Jean 5,1-9a. », in *Revue Biblique* 106 (1999), 175-205.

DUSEK Jan, « Mt. Garizim sanctuary, its history and enigma of origin », in *Hebrew Bible an Ancient Israel* 1 (2014), 111-113.

ESCAFFRE Bernadette, « Evangile de Jésus Christ selon saint Jean, 1- Le livre des signes (Jn1-12) », in *Cahiers Evangile* 145(2008), 28.

___, « Evangile de Jésus Christ selon saint Jean », in Cahiers Evangile 146 (2008).

GROB Francis, « La femme samaritaine et l'eau du puits (Jean4.13-14), in *Etudes Théologiques et Religieuses* 55(1980), 86-89.

___, «Symbolique de l'eau et connaissance de Dieu», in *Foi et Vie* 64 (1965).

___, « Evangile de Jésus Christ selon saint Jean », in *Cahiers Evangile* 146 (2008), 30.

JAUBERT Annie, « Lecture de l'Evangile selon saint Jean », *Cahiers Evangile* 17 (2010).

LA POTTERIE Ignace, « ''Nous adorons, nous, ce que nous connaissons, car le salut vient des Juifs'' : Histoire de l'exégèse et interprétation de Jn4,22 », in *Biblica* 64 (1983), 74-115.

NODET Etienne, « Le salut vient des juifs (Jn4,22), et non de Simon le Magicien (Ac8,9) », in *RV* 4 (2013), 553-569.

POFFET Jean M. (sous la dir.), *Jésus et la samaritaine (Jn4,1-42)*, *Cahiers Evangile Supplément* 93 (1995), 3-131.

SKA Jean-L., « Jésus et la Samaritaine (Jn4). Utilité de l'Ancien Testament », in *Nouvelle Revue Théologique* 118(1996),641-652.

___, *La vérité dans Saint Jean,* vol. I, *Le Christ et la vérité. L'Esprit et la vérité*, *Anacleta Biblica* 73 (1977).

SOUPA Anne, « Jean 4 : au puits de la Samaritaine », in *Les dossiers de la Bible* 83 (2000), 7-30.

Table des matières

Printed by Books on Demand GmbH, Norderstedt / Germany